フォトジャーナリストが見た世界

地を這うのが仕事

川畑嘉文

新評論

まえがき

　インターネットの普及につれて、自分の作品などを自由に表現する機会が大きく広がった。記者でも芸術家でもない普通の人々が、ブログやツイッター、フェイスブックなどといったＳＮＳ（Social Networking Service）に、自らの体験を文章や写真、動画を利用して公開している。お気に入りのレストランで食べた料理を写真で紹介したり、観た映画を解説したり、旅先で出会った現地の人々との交流を載せたりと、内容はさまざまである。なかには、自らの考えや社会分析、アイデアを現代社会への警鐘として発表しているブログもある。これらの声が政治家や官僚、権力者などの耳に届くとしたら、ＳＮＳの潜在能力は計り知れないものとなるだろう。

　しかし、怖いと感じる面もある。これらの情報を目にした受け手側が、信憑性を疑うこともなく本物の情報を得たかのように勘違いしたり、またそれらの情報を他者と共有することもあろう。たとえば、料理のことをまったく知らない人気ブロガーがネット上であるレストランの料理を批判したとする。その情報が、あっという間にネット上において拡散してしまうことがある。たった一人の素人の評価が、その店の評判を落としかねないというのも事実である。

もし、このような情報が個人を批判するような内容や痛烈な社会批判であり、その情報を鵜呑みにした人々がいたとしたら、彼らはどのような行動に出るだろうか……想像するだけで恐ろしい。言うまでもないことだが、ブログを載せる側は確かな情報を手に入れる努力を怠ることなく、すべての責任を負うだけの気構えで伝えなければならない。

もっとも、それらのブログをマスコミが面白おかしく取り上げているという状況にも問題がある。事実、素人が書いたこれらの軽い調子のＳＮＳが本になって売れているようだし、書店に行けばブログ本のコーナーまであるほどだ。それらの本のプロフィール欄を見てみると、作家、写真家、料理家、なんでもござれである。今の世の中、こんな形でプロフェッショナルになることもできるらしい。

写真業界を見てみると、この一〇年ほどでフィルムからデジタルの世界へと革新的な変化を遂げた。ひと昔前、フィルムの時代は胃が痛くなるような思いをして写真を撮っていた。何しろ、現像して画像がフィルムに浮き上がり、印画紙に対象物を焼き付けるまではきちんと撮れているかどうかが分からない。期待してプリントを待っているのだが、とんでもない失敗作があがってきて落ち込んだという経験は数知れない。

フィルムの交換を急ぐあまり、巻き上げ途中に思わずカメラの裏蓋を開けてしまって感光（フィルムに光が当たり真黒になってしまうこと）させたことも幾度となくある。出版社に勤めていたころ、ぼくの失敗作を見た先輩から、「気にするな。期待していなかったから」と、慰めだかお叱りだか分からないひと言をもらったことも覚えている。いやはや、厳しいひと言だった。たしかに、フィルムカメラは操作が煩雑で、失敗が本当に多かったわけだが、それだけに学ぶものも多かった。

デジタルカメラの到来でこれらの失敗がなくなった。と同時に、カメラが身近なものになった。フィルム時代、カメラはお金と時間に多少の余裕のある、主におじさま方の趣味だったような気がする。それがアマチュア用の廉価なデジタルカメラやカメラ付きスマートフォンの普及にともなって写真が生活の一部になった。それに、暗室を用意して引き伸ばし機をセットし、現像液や定着液、水を用意して何時間もかけて印刷する必要もないから、写真技術は専門学校や写真事務所で学ばなくても簡単に取得できるものとなった。

「写真が好きだから、わたしフォトグラファーになる!」と宣言し、デジタルカメラとコンピュータを用意すればすぐにはじめられる。書店で「猿でも撮れる撮影術」といったハウツー本でも買って、熟読すればよいわけだ。現像や印刷のコストも必要ないから、懐具合を気にしないで好きなだけ撮影ができるし、画像を液晶で確認できるから、試行錯誤を重ねることも十分に可能である。

もちろん、本格的に写真を生業にする場合でも、多少のお金はかかるが、必要な機材はいくらでも売っているので、職種を書いた名刺さえつくればプロフォトグラファーの出来上がりとなる。日々ブログでも書いて写真を掲載し、それが運よく書籍化されれば立派な写真家先生にもなれてしまう。

そんな写真業界だから、フォトグラファーは飽和状態にあると言えるかもしれない。失敗をして先輩に怒鳴られ、暗い部屋で薬品まみれにならないでも簡単にフォトグラファーになれる時代がやって来たのだ。東京の人混みで石を投げたら、フォトグラファーにあたるという時代かもしれない。

先日、戦場に行ったこともないのに「自分は戦場カメラマンです」と名乗る二十代前半の若者に出会った。バックパッカーとして世界中を旅してきた彼は、同じような経歴をもつ戦場カメラマンの渡部陽一さんにでも憧れたのだろうか。最近、戦争を伝えるフォトジャーナリストになった（なることを決めた?）彼であるが、残念ながら、レンズの特性やカメラの操作方法を知らなかった。機械のことなら専門書を読んで猛勉強をすればよいが、フォトジャーナリストとしての心構えはいったいどこにあるのだろうか。

ぼくは戦場カメラマンではない。だから、戦場について熱く語る必要もないし、そもそもできない。それでも、写真に命をかけている。ニュータリバン勢力が台頭しつつあるなか、アフガンとパキスタンの国境地帯であるトライバルエリア（Federally Administered Tribal Areas・連邦直轄部族地域）へ麻薬と密造銃の取材に出掛けたときは、出会った人すべてに「外国人は誘拐されるから絶対に行くな！」と止められたが、引き返すことができなかった。

また、ミャンマー軍事政権の妻たちが経営していると言われる娼婦パブに潜入取材を試みたときは、撮影禁止なのは重々承知だが、店長に賄賂をわたしてかろうじて撮影を成功させている。撮影後、店の従業員に見つかり、別室に連行されて尋問を受けたときは小便をちびるほどの恐怖を感じたが、店長が「今回だけは許してやる」と芝居を打ってくれたおかげで無事に解放された。

フォトジャーナリストとしての心構えがないだけでなく、事前の準備もせずに、「現地の写真を撮って、ブログに掲載して有名になろう」という軽い気持ちで現場に出掛けるのだけは避けなければならない。それに、そんな軽薄な気持ちであるならフォトジャーナリストにはならないほうがよい。

ライバルが増え、仕事が減って生活が苦しくなるのは困る……なんて器の小さい理由もあるが、そんな軽い気持ちで写真を撮るというのは被写体となる人々に対して失礼だし、写真を見てくれる人々にだって現実の状況を知らせることはできない。かえって現場を混乱させ、間違った情報を伝えることにもなりかねないのだ。これでは、独断と偏見で料理を分析し、ネットにアップするブロガーと同じである。

この業界、軽い気持ちでやっていけるほど楽ではないし、どちらかというと命がけである。情けない話だが、ぼくは文章を書くのが下手で、写真だってまだまだ修行が必要だから、ほかの人が開催している写真展を観に行けば、その人の技術や感性に実力の差を思い知らされて打ちのめされてばかりいる。そのうえ、知識量も少なければ高尚な思想だってもちあわせていないので、日々いい写真を観て技術を学びながら感性を磨き、さまざまなジャンルの本をたくさん読んで他国の文化や伝統などを身に付ける努力だけは怠っていない。

情熱をかけて取り組めば、自らへの見返りなんて忘れることができる。人々の心を震撼させる写真を撮るためには、血尿を出すほど必死にもがき、時には大切なものを犠牲にするほど一途にこの世界に没頭するしかない。それができて初めて、本当のプロの仕事ができるのだと思っている。

さて、これから書き記すことは、曲がりなりにもプロのフォトジャーナリストとして仕事をしてきたぼくの記録である。「よくまあ、そんな所に行くねー」と呆れられるかもしれない。しかし、世界各地で起きていることの「真実」を伝える、それがぼくの仕事だと思っている。それに、リアリティのある文章表現にも可能なかぎり努力したつもりである。ぜひ、今回記すことになった「真実」を五感を通して感じていただきたい。

もくじ

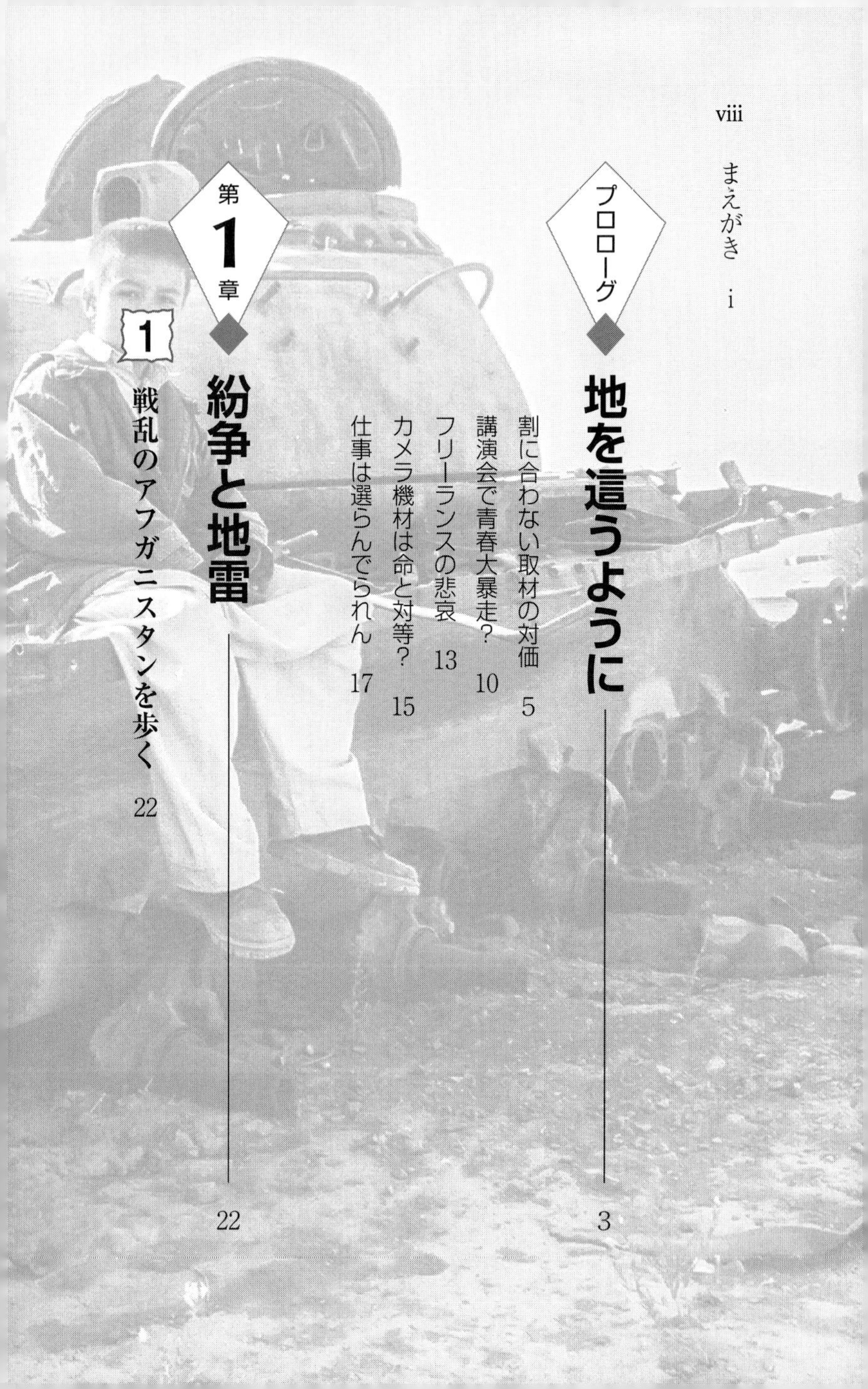

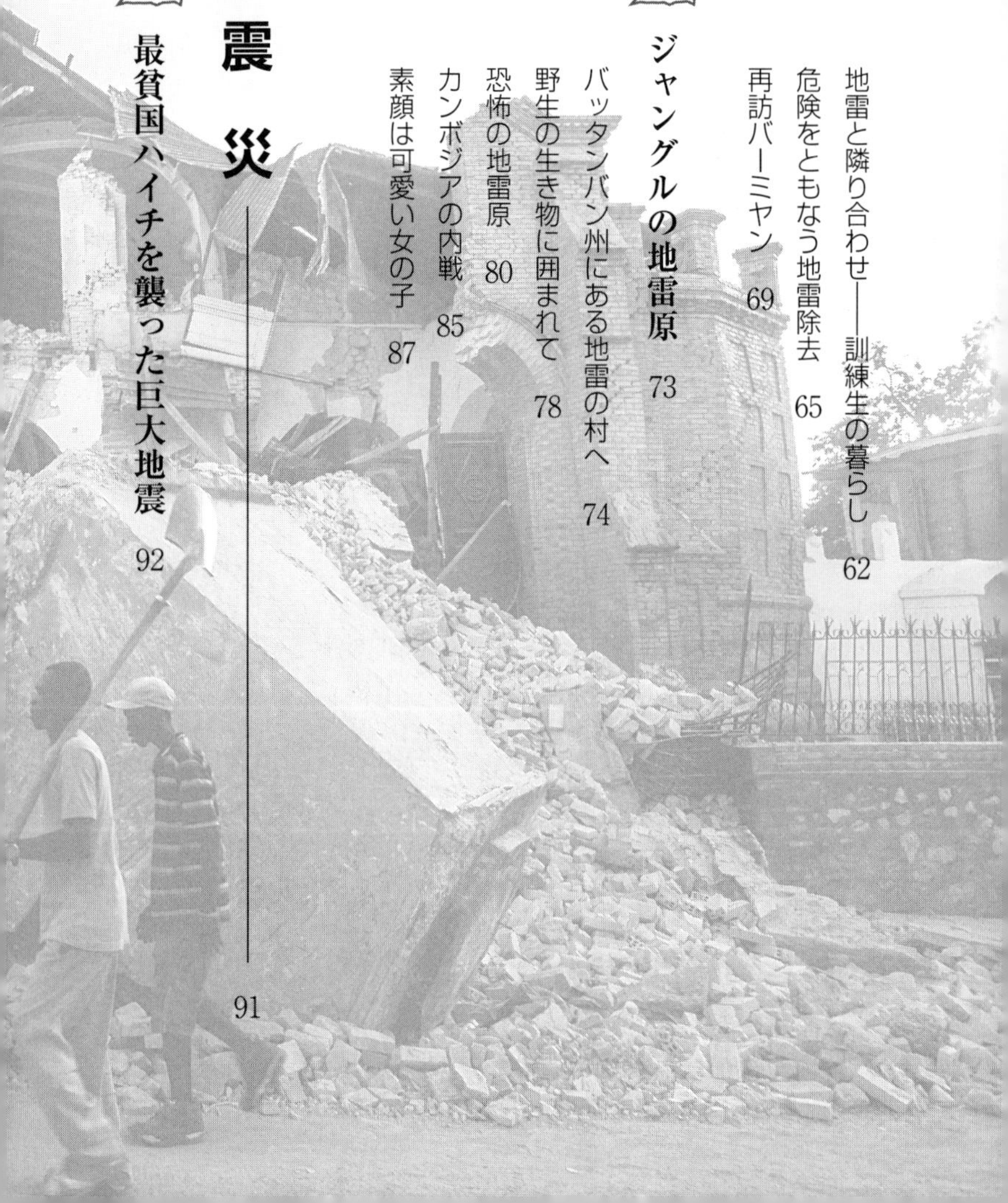

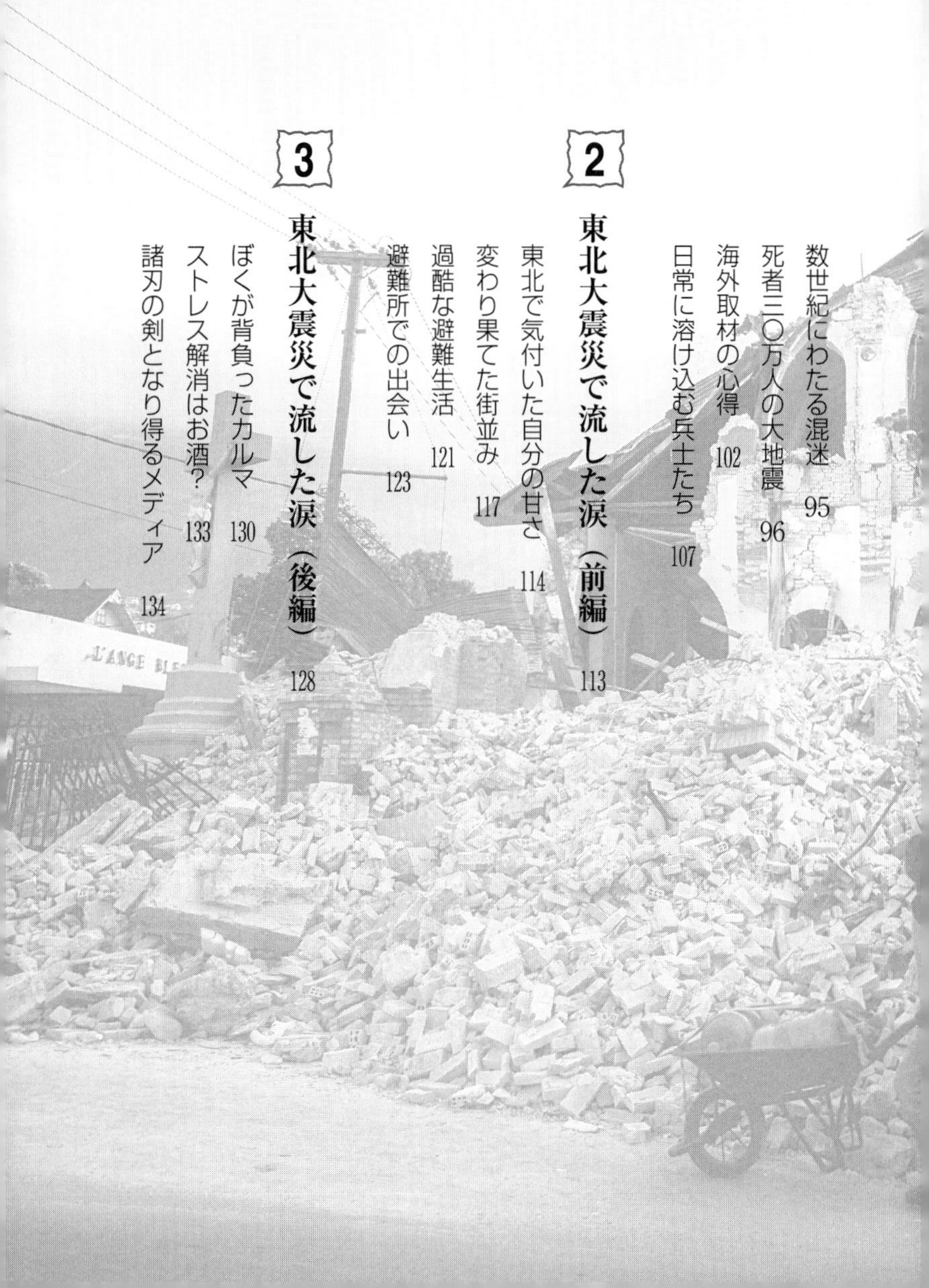

フォトジャーナリストが見た世界――地を這うのが仕事

プロローグ

地を這うように

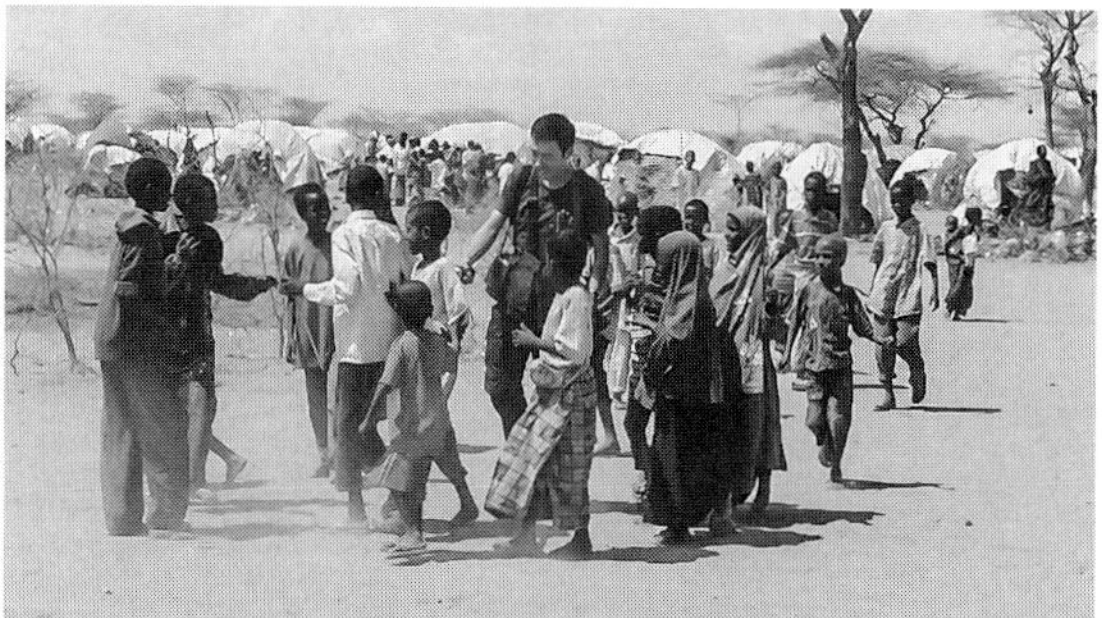

子ども達に囲まれてしまった筆者。握手を求められている

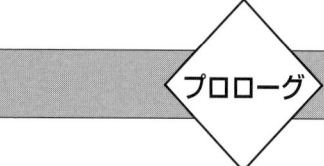

4

「カ、カネがない……」

これまでに何度、ぼくはこの台詞を口にしただろう。八年前に社カメ（会社所属のカメラマン。つまりサラリーマン）を辞め、フリーランスのフォトグラファーになってから、ぼくの懐が温まったことはほとんどない。もちろん、社カメ時代も決して裕福だったわけではないが……。

店でパンを買うときは味の好みでは選ばず、質より量を優先、持ってみて一番重いのを選ぶ。飲み物も、ブランドにこだわらず、とにかく値下げ品を買う。賞味期限間近の弁当なんかが安売りされていると、その場で小躍りしてしまう。人はぼくを「倹約家」とか「ケチ」とか呼ぶが、ただ単にお金がないだけである。

「職業はフリーランスのフォトジャーナリストです」と自己紹介すると、何を勘違いしたのか、「有名人に会えるのね？世界を駆け回っているのね？　なんて素敵なの！」などとにぎやかに黄色い声を出してくださるお姉さま方もときどきい

ミャンマー難民が暮らすゴミの山を登る筆者

るが、はっきり言ってぼくの生活はカッコ悪い。三〇代後半にもなっていまだに独身で、実家の両親の世話になって暮らしている。独り暮らしができるほどの経済的な余裕がないのである。

一九八〇年代後半の流行語「危険、汚い、きつい」の3Kに、「カネがない」と「カッコ悪い」を加えた5K生活を送っているのがフリーランスの現実である。ぼくの場合、「カアチャンにいまだに頭が上がらない」を加えた6Kとなる。

割に合わない取材の対価

写真家として名が売れ、写真一枚（写真の数え方は正確には一葉）の価値が数百万円、数千万円になる大物もいるわけだが、世界的に見てもその数はわずかだろう。有名な美術館で展示会を開くことのできる名の売れた芸術家先生か、もしくはファッションフォトグラファーぐらいのものだ。有名ファッションブランドの広告写真を撮るフォトグラファーたちは、一日の撮影で一〇〇万円以上を稼ぐらしいから、こちとらやってられん（ただのひがみだが……）。

ぼくのようにドキュメンタリー写真を撮っているフォトグラファーで、経済的に豊かな生活が送れている者は少なく、多くは厳しい生活を強いられている。ドキュメンタリー写真が雑誌に掲載されても、大したお金にはならないのだ。もちろん、よっぽど希少な写真を撮って、発行部数の多い有名雑誌に掲載されればギャラ（報酬）はそれなりによいとは思う（もらったことがないので分からん)。ただ、インターネットが幅を利かすこのご時世、昔ながらの紙の出版物はどんどん休刊、廃刊に追い込まれ、カラーページも減っている。ちなみに、白黒ページでなく、カラーで掲載される場合は多少ギャラを上げてくれる雑誌社が多い。その場合は、数十万円になることもある。

では、インターネットで使われる写真を撮ってはどうか、ということになるが、インターネットでの写真なんて、どこからでも素材を引っ張ってくることができるうえに、スマートフォンやYou Tubeなどの動画再生ソフトの普及で、一般の市民が写真や動画を撮って配信する時代がやって来ている。それはつまり、フォトグラファーが危険を冒してまでわざわざ現地に行って写真を撮る必要がなくなったということである。

さらに広告の場合は、安価なデジタルカメラが市場に出回っているので、ちょっとした写真ならウェブサイトのもち主が自ら撮って済ませてしまうという傾向にある。だから、インターネット上で使用する写真の撮影代金は、紙面で使われる写真に比べて極端に安くなっている。ぼくの場合、取材費を稼ぐためにネット上で使う商業写真も撮っているが、一日一万円ちょっとぐらいにしかなっていない。

出版物の発行部数減少にともなってフォトグラファーへのギャラも削減され、二、三ページ掲載されたとしても、安くて二万円、高くても一五万円程度にしかならない。つまり、数万円から数十万円ほどにしかならないということだ。数十万円と聞くと悪くない気もするが、金と手間ひまをかけて取材を行うという先行投資を考えれば、一回だけの掲載では採算が合わない。

たとえば、二〇一一年に行ったキューバ取材では、アメリカを経由した渡航費が二〇万円以上、食事代や雑費などを含めた総費用は優に三〇万円を超えている。しかし、そうした取材の対価といえば、雑誌掲載は三誌のみで、その掲載料がトータルで一二万円ぐらいでしかなかった。単純計算すると、約二〇万円の大赤字となる。この赤字幅を減らさなければならないから、キューバの写真をもっと売り出していかねばならないのだが……それが難しい。

出版物に掲載してもらうためには、いろいろな出版社に電話連絡をしてアポを取り、編集担当者に写真を見てもらい、気に入ってもらうことが必要となる。そうして初めて掲載に至る道が開けるのだが、編集者はだいたい多忙を極めているため、どこの馬の骨とも知れないフリーランスのフォトグラファーに簡単には会ってくれない。懇意にしてくれている編集者に聞いたところ、編集部への写真の持ち込みなんてしょっちゅうあるが、編集部が求めている写真が持ち込まれることは非常に少ないそうだ。写真が気に入られ、そして掲載に至るまでには、数多くの狭き門を突破していかなければならない。

フリーランスにとっては、「営業活動」と呼ばれるこの業務がもっとも重要なことであり、これが上手な人は比較的売れていて稼いでいるが、そうでない人の生活は苦しい。ぼくにとっては、もっとも苦手な分野と言える。正直、砂漠で写真を撮ろうとして砂嵐に襲われたときよりも、東南アジアで突然のスコールに見舞われてびしょ濡れになってしまったときよりも、遠くの爆音を耳にしながら「いつあれが近づいてくるのか……」と脅えているときよりも、「営業活動」はつらい。

アポ取りの電話をするときは、好意を寄せている女子生徒に初めて電話するウブな男子中学生のようにドキドキする。気弱なぼくは、震える手で出版社の番号をプッシュし、呼び出し音が鳴るところまでは何とかもちこたえることができるが、相手が今にも電話に出そうな気配が感じられると、そのままガチャンと受話器を置いてしまう。というのは少し大げさだが、それぐらい意を決して出版社に連絡しても、十中八九、この段階で撃沈となる。つまり、編集者には会えないのだ。まるで、初恋が一瞬で終わったかのように、心がへこむ。

運よく編集者に会うことができ、何とか写真を見てもらったとしても、それっきりなしのつぶて、まったく連絡がないというのがほとんどだ。一回目のデートが終わり、「さて、どうやって告白しよう」なんてワクワク、ドキドキしていたのに、「やっぱり私のタイプじゃないから」と向こうからあっさり断ってきたときのように、またへこんでしまう……切なすぎる。

そんなことを繰り返していると、自信がどんどんどんなくなり、フォトジャーナリストとしての写真技術や企画力が足りないだけでなく、自分という人間の価値までがないような気がしてくるから、ぼくの心は本当に弱い。ただでさえ根が暗いぼくは、一日中部屋の隅に座って、太宰治を読みふけるような生活に埋没していき、逃避してしまうのである。

とまあ、取材をすればするほど借金は積み重なり、営業がうまくいかなければ心も重くなり、負のスパイラルに陥ってしまう。「よ〜く考えよ〜、おカネは大事だよ〜」なんて曲が以前、ある生命保険会社のCMで使われていたが、この職業もよ〜く考えるとやってられん。フリーランスのフォトジャーナリストとは、まことに恐ろしい職業と言える。(1)

(1)　ほかのフリーランスの方々はもっとうまくやっているかもしれん。ちなみに、「不肖・宮嶋」シリーズで有名な宮嶋茂樹氏ほどの大御所になると、出版者側から海外取材の依頼が来るようである。

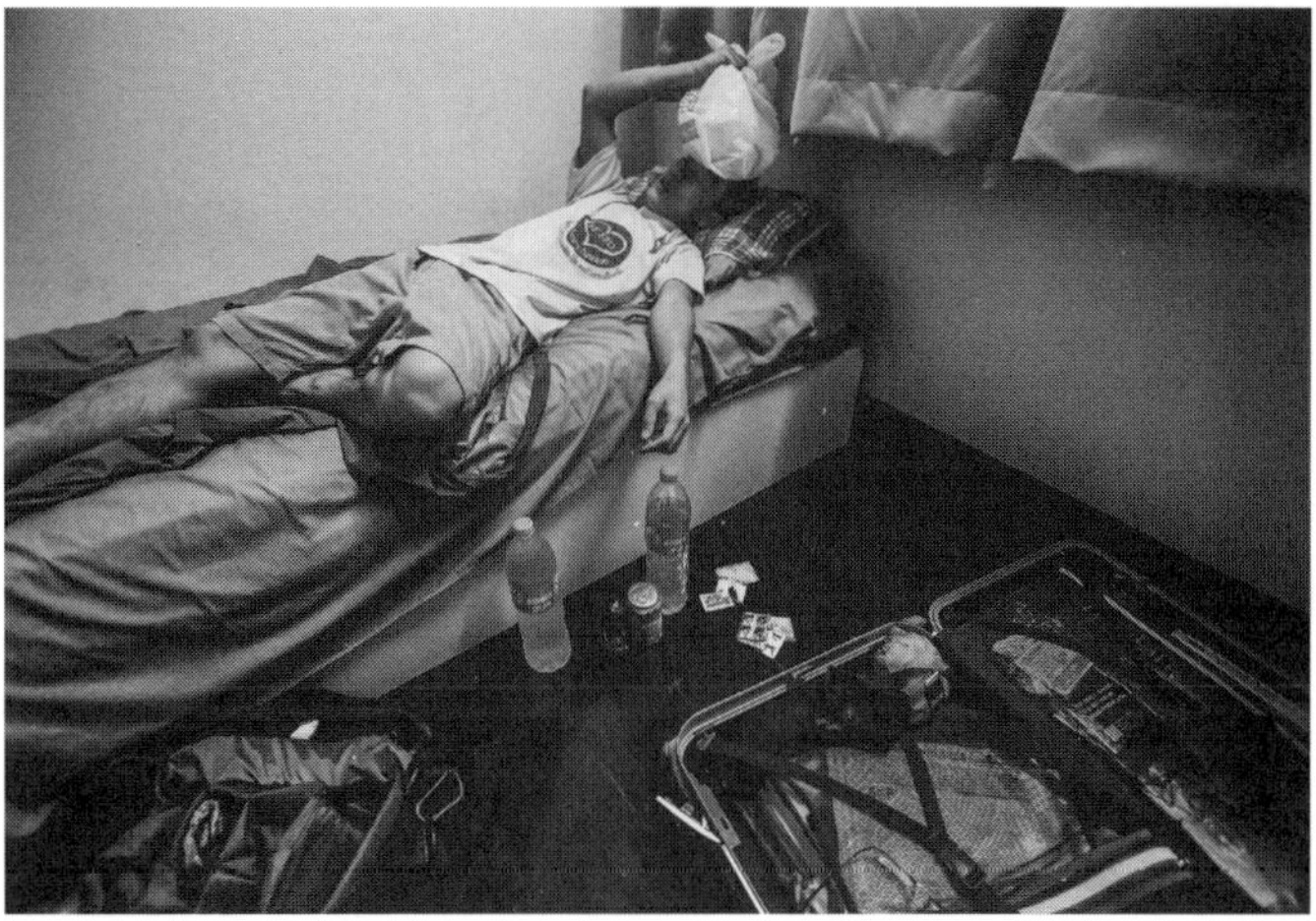

熱を出し、タイの安宿で一人寝込む筆者。最後の力を振り絞って三脚を立て、自らを撮った一枚

講演会で青春大暴走？

世界各地で起きている事象を世に広く伝えるのがこの仕事の意義だから、自らの利益を第一にしていると活動できなくなってしまう。写真を雑誌に掲載してもらうだけでは効果はかぎられるから、なるべく多くの人たちに見てもらうために写真展を開き、講演会を行う必要がある。

写真展を開く場合、まずハコ（場所）を確保しなければならない。立地条件や広さにもよるが、一週間で数万円から数十万円が必要となる。次に写真の拡大印刷。自分で印刷すれば低予算で済むわけだが、せっかくの作品を小さく展示しても迫力がない。長辺二〜三メートル、それ以上の巨大な写真を壁にバーンと展示し、観る人の心を震わせたい。そのためには、信頼できる印刷業者に依頼しなければならない。その費用は少なく見積もっても一枚数万円、それが何枚も必要となる。

そのほか、招待用のＤＭ（ダイレクトメール）や郵送料金、交通費などを加えると、写真展の総費用は軽くうん十万円を超える計算になる。ぼくの場合、無料もしくは超安価で借りられるハコと、安く印刷してくれる業者をとにかく探し出すので、ギリギリの低予算で開催ができてはいるが、それでも写真展を開催して利益を求めることはない。

写真展にあわせて講演を行うこともあるし、時には、学校などに呼ばれて話したりもしている。これについては多少の講演料をいただいているので、赤字にはならない。でも、ちょっと自由に話しすぎてしまっているようで、ぼくの株は下降気味だ。

　某進学校に招待されて講演をしたとき、担当の先生が「自由に何でもお話しください」とおっしゃったので、本当に好きなことを話してしまった。見聞した海外の事情やフォトジャーナリストという仕事の内容について話したわけだが、とりわけ生徒たちの進路について熱く語ってしまった。

「諸君！　君たちは毎日、何をしに学校に来ているのだ！」と、市ヶ谷駐屯地に立てこもった三島由紀夫みたいに逞しく語ったわけではない。

「みんな、毎日を楽しんでいるかい？」ファンを少しでも増やそうと必死のぼくは、かぎりなく優しい口調で話し出した。すると、「まあまあ楽しい」というような答えが返ってくる。そうか「まあまあか……」。でも、それは少しまずくないか……とぼくは思っている。

　言われたとおりに勉強をして、よい大学に入ってコンパに参加して酒を覚え、卒業したら有名企業に就職し、身を粉にして会社の歯車となって、やがて結婚して子どもをもうける。なんて羨ましい安泰な人生、「ぼくもそうすればよかった！」と言いたいところだが、ほかの選択肢だってあるはずだ。

　今、この瞬間を大切にし、勉強だけでなく、自分が本当に好きなことに情熱を傾けたっていいじゃないか。鉄道が好きな男子なら「鉄っちゃん」になる。歴史が好きな女子なら「歴女」になる。周りの目なんて気にするな。好きなら力をとことん傾注し、その道で行ける所まで行ってみればいい。

大学？　四年間遊ぶだけだとしたら大学なんて意味がない。大学の名前なんて気にするな。大切なのは、大学に入って何をしたいかだ。面白そうな講義のある大学を探し出し、今のうちから教授に会いに行けばいい。

英語が好きなら留学するという選択肢だってあるんだ。もちろん、異国でのつらく大変な学生生活を自分の力で乗り越えなければならない。だけど、自分で決めた道だから乗り越えられるはずだ。それは、決して無駄にはならない。いつかプラスになって返ってくる。社会の常識をつくっているのは大人たちだけど、これからは、君たちがその常識を塗り替えていくんだ――。

ぼくの話を聞きながら、先生方は少々青い顔をしていた……。そりゃそうだ。優秀な生徒を一人でも多く偏差値の高い大学に送り届けるのが先生方の役目なのだから。

それにしても、社会に溶け込めないためにフリーランスとなり、一人もがき続けているアウトサイダーのぼくが、よくもこんな話をしてしまったものだ。このとき以来、ぼくは講演に呼ばれると自由に話すことをやめた……なんてことはなく、相変わらず好き勝手に話しているので、ぼくの株は今も大暴落を続けている。

フリーランスの悲哀

カネがない。名誉もない。将来もない。心配事は絶えない。でも、もっともつらいのは、自分自身が世間からフォトジャーナリストだと認められないことである。

ニューヨーク時代に遭遇した同時多発テロ、9・11。あの事件の最中、膨大な量のメールが家族や友人から届いた。後にも先にも、このときほど他人から心配されたことはない。恐らく今後、これほどのメールをいただけるのは、どこかの国でぼくが誘拐でもされ、日本のニュースキャスターに「行方不明となっているのはフォトジャーナリストの川畑嘉文さん」と名前を読まれるときだけであろう。悲しい……。

不安なのは、「住所不定、無職のカワバタ・ヨシフミさん（漢字表記も不明のまま）が行方不明です。あ、自分はフォトジャーナリストだと語っていたそうです」というように報道されることである。海外なんてグアムと韓国ぐらいしか行ったことのないコメンテーターに、「こんな、何をやっているんだか分からないチンピラみたいな人間は、日本の恥ですね。迷惑きわまりない。自業自得です」とけちょんけちょんにけなされてしまうのかもしれない。

世の中がバブルの全盛期で、お金があふれているときであれば、取材費をフリーランスのために用意してくれる出版社やクライアントもきっとあったであろう。しかし、いまの時代、そんな大盤振る舞いをしてくれる企業は少ない。

大手のマスコミは、自社のスタッフを過酷な現場に送ることはない。その理由は、スタッフに何かトラブルが生じた場合、その補償額が莫大になるからだ。では、どうするかというと、契約している通信社から写真や映像、記事を購入するか、自分で勝手に現場に入っているフリーランスから情報を買うことになる。それならば、仮に事故が起きてもクライアント側は何の補償義務もないから安心である。

もちろん、それを割り切ったうえでフリーランスは現場に行くのだが、ネタが確実に採用されるわけではない。ぼくの場合は、事前に「A国に行きますので、よかったら写真を見てください」といった程度のことを雑誌社に伝えてから現場に向かっている。そのとき、具体的な内容までは編集者に伝えない。現場に行ってみなければ実際取材できるかどうかも分からないし、そもそも混乱状態であれば入国できるかどうかも分からない。下手に編集者を期待させたくないのだ。

ちなみに、実際に現場に入って取材を行ったところで採用されるという保証はない。というか、ほとんどがボツになる。まるで、フリーランスは使い捨ての電池のようでもある。結局、フリーランスなんて、定職に就いているわけでもなく、誰かから守られているわけでもないからフリーターと同じである。本人は多少の使命感に燃えて仕事をしているつもりでも、一歩間違えれば、ただの迷惑男になりかねないから侘しいものである。

カメラ機材は命と対等？

フォトジャーナリストは、カメラがないと仕事ができない。はっきり言って、カメラがなければぼくは単なる無職のおやじであり、ただの引きこもりでしかない。仕事ができなければ税金も払えない。つまり、人以下かもしれない。だから、カメラは命と同じくらい大切となる。

ぼくは、キヤノンの「5DMKIII」というデジタル一眼レフカメラをメイン機として使用している。もちろん、ほかにも数台持っていて状況に応じて使い分けているが、大抵はこれを使用している。重すぎないから携帯性もよく、フルサイズといって三五ミリフィルム時代と同様の画角が撮れるし、画素数も多い。何よりも、これより上位の機種になると六〇万円ぐらいして手が出ない。

フィルム時代に比べて、プロ用のカメラ機材は驚くほど高額になった。実用に耐え得るデジタル一眼レフカメラの相場は三五万円以上している。それを数台持ち、二〇万円以上するレンズを三本から五本、外部ストロボ二台に記録メディア、三脚、パソコンなどを揃えていくときりがない。また、これら機材は所詮機械だから、頻繁に修理にも出さねばならない。つまり、コストパフォーマンスが最悪なのだ。フォトグラファーは、まるでカメラ機材を維持・購入するために働いているかのようである。

フリーランスになるための下積み時代、ぼくはプールの撮影を命じられた。プールで泳ぐスイマーに肉薄し、かっちょいい写真を撮ろうとした瞬間、足を滑らせてカメラもろとも水没してしまった。そのころに使用していたのはキヤノンの「EOSⅣ」というフィルム時代のフラッグシップ（最上位機種）で、お値段は約二七万円。買ってまだそんなに経っていなかった……。

大急ぎでプールサイドに這い上がり、蓋という蓋を開けてドライヤーで乾燥させ、キヤノンのサービスセンターに持っていったが、返ってきたのは「中が錆びているから修理は無理です」という非情な告知であった。

二七万円が一瞬で吹き飛んだ瞬間だった。当時は社カメだったので、それから一か月間はただ働き同然となり、立ち直

サバンナ地帯での取材で、砂埃がとにかくひどかったため、宿に戻ってカメラ機材を必死に清掃する

るまでに相当の時間がかかった。フォトグラファーはいつも機材を大切にし、命（神経？）を削りながら仕事をしているということだ。

仕事は選んでられん

海外で取材したドキュメンタリー写真を掲載してもらうだけでは食べていけない。というか、借金が増えるだけである。では、どうするかというと、日本国内にいるときには、撮影依頼があれば何でも引き受け、次の出張費を工面している。取材撮影から広告写真、ブツ撮り（動かないモノを撮ること）、イベント記録、舞台、スポーツ写真まで、何でもござれだ。高級料理店を取材して、ガイド本に名前が出たこともある。

このような仕事も、ぼくにとっては勉強になる。試行錯誤を繰り返し、新しい手法に挑戦する。ファッション写真などでよく使われ、海外のドキュメンタリー・フォトグラファーも多様する日中シンクロ（昼間のストロボ撮影）という技法を用いたりもする。光の当て方など、撮影技術を日々勉強しているわけである。

こうした機械的な技術だけでなく、被写体となる人々とのコミュニケーションは本当に難しく、いつも苦戦を強いられている。でも、何を隠そう、ぼくは子どもの写真を撮るのがとても上手だ、と勝手に思い込んでいる。精神年齢が子どもたちと同じ水準だから、同じ目線に立てるのかもしれない（いや、そういっては子どもたちに失礼か）。これまでに子どもたちと接する機会がたくさんあり、一緒になって遊ぶすべを身に着けたのである。

以前、ぼくが勤務していた撮影事務所は、広告をつくったり、学校のアルバムもつくったりと撮影業務全般をこなしていた。そのため、子ども相手の撮影現場も数多く経験している。前日に酒を飲んでいたために、「カメラマン、酒臭い！」と子どもたちに怒られたり、時にはお尻にカンチョウをされたりして（なぜか、子どもたちはこれが大好き）、子どもと真剣にケンカをしながら彼らを撮る術《すべ》を学んだ。

子どもとケンカをしていると、「子ども相手にそこまでムキにならなくても」と苦言を

ソマリア難民の子ども達に囲まれて取材する筆者

呈する冷めた大人もいるが、子どもたちは大人以上に物事に真剣に取り組み、本気で生きているとぼくは考えているので、こちらも本気で相手をしている。子どもにガチンコ勝負を挑み、彼らの表情を引き出すために情熱を燃やしている。

途上国にいても、ぼくは子どもたちと真剣勝負で付き合い、写真を撮っている。ライフワークとしてぼくは、辺境の地で学校に通う子どもたちや、苦難に負けずに学ぶ子どもたちの姿を撮り続けているが、やはり日本での修業時代に得た経験がこの活動にも生かされていると信じている。

フォトジャーナリストは、時には自分の仕事を否定されることもある。震災直後の東北での出来事。NGOの支援活動を記録撮影し

連載をいただいた原稿。困難に負けず勉強をする子ども達を特集した

ていると、被災者に「写真なんか撮るな！　俺たちにも人権があるんだ」と怒鳴られてしまった。彼の言うとおりだった。事前に話をするなり、「写真を撮らせてほしい」と意向を伝えるといった心掛けと、被災者の心境に配慮しようとする気遣いがあれば防げたことである。大いに反省している。

日本であれ海外であれ、どんな状況にあろうが、写真を撮るときにはいつでも相手に敬意を払わねばならない。いつだって忘れてはならないことを、撮影現場で失敗を繰り返しながらぼくは学んでいる。

身も心もボロボロになるばかりで、決して誰もが憧れる職業ではないが、好きなんだからしょうがない。好奇心と興味だけは尽きることはなく、そして伝えなければならないことがこの世界にはあふれている。ないものづくしの人生だが、唯一、時間だけはあるようなので、国内の撮影案件が終了したら、多少の資金を握りしめてまた海外に出ようと思っている。

第1章

紛争と地雷

捨て置かれた兵器の前で絵を描く少女

1 戦乱のアフガニスタンを歩く

二〇〇二年一〇月、ぼくはアフガニスタン（Islamic Republic of Afghanistan）に向かった。9・11の同時多発テロから約一年後、ニューヨークにある日系ニュース社を退職し、フォトジャーナリストになるための第一歩として、アメリカによるアフガン侵攻の傷跡を記録したいと考えたのだ。

アメリカ政府は、9・11の主犯をビン・ラディン[1]率いるイスラム過激派の組織「アルカイダ」と断定した。ビン・ラディンを匿うアフガンのタリバン政権に引き渡しを要求したが、タリバン側はそれに応じず、圧倒的な軍事力をもつアメリカはアフガンを攻撃して政権を崩壊させた。これにより、イスラム原理主義政策を強制するタリバン政権から国民は解放されたわけだが、戦争の傷跡は生々しく、人々は苦しみのなかで生きていた。

無法地帯「トライバルエリア」からカブールへ

パキスタンとアフガニスタンの国境沿いには、どこの国の法律にも適用されないトライバルエリア（部族地域）が広がっている。ドラッグや銃がはびこっており、偽札工場まであると言われているが、法律がないから取り締まることもできないでいる。言うまでもなく、非常に治安の悪い地域のため、飛行機に乗って一気に飛び越えてしまいたいところだが、資金がかぎられているため陸路をとらざるをえなかった。

国境の町ペシャワール（Peshawar）で入域許可を取得し、警官に護衛を依頼して、タクシーに乗って国境へとぼくは向かった。少し恐ろしかったが、

(1)（Usāma bin Muhammad bin ʻAwad bin Lādin・一九五七〜二〇一一）サウジアラビア出身。国際的なイスラムテロネットワークアルカイダの創始者。二〇一一年五月二日パキスタンに潜伏中、アメリカ海軍特殊部隊によって殺害された。

パキスタンとアフガニスタンの国境沿いに続くトライバルエリア

トライバルエリアでは外を歩いてみた。商店が並び、一見どこにでもある町のようである。

髭をたくわえた男たちが店先にしゃがみ込んで、何やら「黒いもの」を練っている。「それは何か?」と尋ねると、男はニヤッと笑って「ハシシ、ハシシ」と答えた。大麻樹脂を成分とする麻薬で、タバコなどに混ぜて吸うとトリップできるという代物である。案の定ここは、麻薬が平然と売買されるという無法地帯だった。たったこれだけの光景を見て、急激に不安感が高まった。このぼくだって誘拐されないとはかぎらないのだ。しかし、向かいの店に目をやった途端、その不安感が吹っ飛んだ。

――自動小銃がショーケースに所狭しと並んでいる……AK47だ。映画や小説でおなじみの「カラシニコフ」が五〇〇ドルで売られていた。

「おい、オヤジ。一〇〇〇ドルの半分とは、ちょっと吹っかけすぎじゃないか」

大麻樹脂を捏ねているところ

思わず「ゴルゴ13」の口調で交渉に入っているぼく、いや俺。気分はすでに国際指名手配となっている凄腕スナイパー。「へ、へへ、ゴルゴの旦那じゃねえですか。旦那でしたら、三〇〇ドルに負けときますぜ」と、店のオヤジの口調も卑屈な闇商人風に変わっている。

黒光りするAK47の金属パーツが俺の気持ちを高ぶらせていく。この銃で、世界中を飛び回り、闇社会の悪党をひねり潰していく。付き従うのは、もちろんパツキンのボンドガール風の女性――。

妄想がこれ以上暴発するのを何とか抑えたぼくは、いつもの軟弱カメラマンに戻った。銃なんかは必要ない、ぼくの武器はカメラだ。写真を撮ってこの世界をわたってみせる、と心に誓ったばかりであった。

パキスタンとアフガンの間にそびえるハイバル峠を越えて国境に到着すると、たくさんの行商人が税関に押し寄せていた。外国人であることを思いっきりアピールすると、日本人

商店に売られていた短銃

がやって来たのが珍しかったのだろう、彼らが順番を譲ってくれた。

難なくアフガンに入国すると、行商人であふれる乗合バスに乗り込んだ。クネクネと蛇行する砂利道を上り下りしながら、険しさを増した道をバスはゆっくりと進んでいく。窓から見える景色は風光明媚だが、下をのぞき込めば断崖絶壁が広がっている。

山がちだった風景が、次第に砂漠へと変わりはじめた。太陽が地平線に沈み、西の空がいよいよ真っ赤に染まりだしたころ、首都カブールに到着した。観光地でないこの街には、案内所や地図などがない。右も左も分からないまま、夜になったらどうしようと心細さが募ってくる。ネギをしょったカモが歩き回り、ついに迷子になって、あろうことか料亭の厨房入り口に出てしまったかのような心境だ。

目を潤ませてウロウロしていると、一緒にバスに乗っていたアフガン人の家族が英語で声をかけてくれた。

「どうした？　行く所がないのか？　うちに来るかい？」

助かった……。彼らはアメリカの攻撃開始にあわせてペシャワールに避難していたアフガン難民で、カブールに残っていた家族が結婚式を挙げるというのでパキスタンから戻ってきたと言う。

タクシーで家族の家に到着すると、恭《うやうや》しく客間に通された。イスラム社会では、玄関の横に必ず客間が用意されている。客間の広さからして裕福な一家と思われる。結婚のお祝いに訪れた人々が、チャイ（紅茶）を片手に丸い大きな盆に盛られたナッツや甘菓子をつまんでいる。そこへ外国人のぼくが入るや否や、結婚式の話はお預けとなった。みんな、興味津々にぼくのほうを見ている。

これまでアフガニスタンは、タリバン政権の方針でイスラム圏以外との国交を断絶していたし、国内に外国人（とりわけ白人）が存在することをそもそも否定していた。よって、日本人に接したことのあるアフガン人なんてそういるはずがない。この妙な日本人は、いったいこんな所で何をしているのか……彼らの関心は尽きることがなく、ぼくの家族構成や子どもの有無、独身者なのか妻帯者なのかということまで尋ねられた。

イスラム法では結婚が推奨されているだけに、成人男性が既婚者であるかどうかがとても重要となる。ぼくが独身であることを知ると、「なぜ結婚しないんだ？　俺が嫁を探してやろうか？」とまで言ってくれた。「ぜひ、お願いします！　できれば、長澤まさみ似でお願いします！」とあやうく言いそうになり、来訪の目的をつい忘れてしまうところだった。

初めて訪れたにもかかわらず、この家庭でぼくは手厚くもてなされた。ケバブにパラオ（ピラフ）、ナンが運ばれてくる。たらふくいただいたあと、食後にチャイとなった。アフガンの人々はチャイが大好きで、道を歩いていると「チャイを飲んでいかないか？」としょっちゅう声をかけられるほどである。

その夜は、この家に泊めてもらった。翌朝八時すぎに目を覚ますと、みんな忙しそうに駆け回っている。今日は娘さんの結婚式、みんな五時前には起きて準備をはじめていたようだ。朝ごはんをいただき、式が行われるホテルまで自家用車に乗ってぼくも同行した。どうやら、ホテルはこの家族の経営らしい。まだまだ復興途上のアフガンでありながら、この家族が大きな家や自家用車を所有している理由がよく分かった。

ホテルには、さらに多くの親戚や友人が集まっていた。ここでもぼくは大注目となり、まるで来賓扱いとなった。アフガンの女性は親戚以外には顔を見せたり接触を許したりしないのだが、なぜか花嫁の控え室にまで案内されてしまった。

タリバン政権の崩壊以前、アフガンの女性は、外出時に全身を覆い隠す民族衣装ブルカを被らねばならなかった。女性は男性を誘惑して堕落させる汚らわしい存在であると、一部のイスラム原理主義者は信じている。女性が全身を覆えば、そうした事態が避けられるという男性優位の思想である。

タリバン政権も同じ考えをもっていて、すべての女性に外出時のブルカ着用を強制していた。そして、政権の崩壊後、顔を出す若い女性が増えつつあったが、地方ではまだまだブルカ姿の女性が多かった。

化粧をした女性たちが待機する控え室に入ると、「今日は来てくれてありがとう」と新婦に感謝されてしまった。カメラを向けると、恥ずかしそうな笑顔になった。タリバン時代は写真撮影が禁止されていたはずだから撮られる機会が少なかったのだろう。ポーズは少しぎこちなかったが、本当は写真が大好きなのかもしれない。事実、「私も撮って！」と周りからも声がかかり、ぼくは撮影に駆け回ることになった。

音楽や踊りでみんなが楽しみ、ご馳走が並んだ祝宴が終わりを迎えるころ、ぼくは会場を後にすることにした。すると、「何を言ってるんだ！　君は家族の一員だろう！」と言われ、放してもらえない。イスラムの世界では、ひとたび仲良くなると家族同様の付き合いがはじまる。常に親切なイスラムの人々に、ぼくは感謝ばかりしていた。でも、親切すぎて一つだけ困ったこともあった。

イスラム圏では、仲のよい男性同士が普通に手をつないで歩く。お世話になった家族の長男がぼくに近づいてきて、自然に手を握ろうとした。ちなみに、彼は一八歳。ぼくの手は緊張で汗ばみ、彼の心を傷つけないように手を振りほどくにはどうすればよいのかばかりを考え、撮影に集中することができなかった。

彼が手に触れようとするたびに、「あっ、あれは何？」、「おっ、あそこに大きなモスクがある！」とぼくは叫びながら大きなリアクションをとってカメラを構え、申し訳ないと思いつつ、彼と手をつなぐことを避け続けた。

崩壊した街カブール

結婚式会場を離れて、街で見つけた商店からアフガンに在住する大学時代の先輩に電話をかけた。アメリカのＮＧＯ（民間非営利組織）で働く先輩は、そのＮＧＯが所有しているゲストハウスに同僚たちとともに住んでいる。その空き部屋を借り、ぼくは翌日から取材に出掛けることにした。

街の荒廃ぶりは想像をはるかに上回っていた。家々は破壊されており、場所によっては原型さえ分からない。今にも全壊しそうなビルも多いのだが、驚くことに、電気もトイレも外壁すらもないビルに人が住んでいる。疎開先から戻ってきたのだが住居がなくなった、という家族がたくさんいた。昨日までのきらびやかな世界とはかけ離れた空間が外に広がっていた。

一九七〇年以来ずっと内戦が続いているアフガンでは、「ムジャヒディンゲリラ」と呼ばれるいくつもの軍閥が群雄割拠して争ってきた。中央政権を掌握するための重要拠点として激戦区となったカブール（Kabul）、タリバンが政権から追放されあと一見

カブール川の中に建てられた家々。干ばつのため干上がっていた

川で洗濯をする少女達。働き者の少女が多い

汚れた服を着た子ども達。生活は大変だが、一生懸命生きていた

にぎわっているようにも見えるが、やはりどこか暗い雰囲気が漂っている。

　商店街で杖屋を発見した。よく見ると、義足も扱っていた。戦争による負傷者が絶えず、店主によると需要は多いそうだ。負傷者の多くは定職に就くことが難しく、道端で施しを受けるなど苦しい生活を強いられている。

　タリバン政権の崩壊後、女性たちは外を自由に出歩けるようになったが、そんな女性たちも街中に出てナンを売ったり、生活雑貨を売ったりしている。ブルカを被ったままの女性もいるが、ぼくがカメラを向けてもしっかりとこちらを向き、避けようとはしなかった。長年待ち望んだ自由な生活を享受しているのだろう。顔が見えないから表情は分からないが、彼女たちが微笑んでいるような気がしてならなかった。

　カブールの中心部から少し離れた所に動物園が再開したと聞いて、早速訪れることにした。家族連れでとても賑わっていたこの動物園の目玉は、最近やって来たクマである。その周囲には大勢の人々が集まっているが、ぼくがそこに現れるとみんなクマはそっちのけとなり、ぼくの周囲に群がったかと思うと握手をねだる人まで出てきた。

　ちょっとクマ君には申し訳ないことをしたが、前夜と同じく、それほど外国人の存在が珍しいということだ。

過酷な長距離移動でバーミヤン渓谷へ

カブールでの取材を終えたのち、アフガン中央にあるバーミヤン（Bamiyan）に向かった。早朝にカブールを出発したボロボロのバン（中古のトヨタハイエース）が、パキスタンとアフガンの国境にあるハイバル峠以上に危険な渓谷を駆け抜けていく。道はもちろんデコボコ、幅は車一台がようやく通れるほどの狭さしかない。崖に吸い込まれてしまうのではないかと心配でならなかった。実際、崖から転げ落ちた車があると言うからシャレにならない。この国での移動は命がけである。

時々、赤と白に塗られた石が目に入った。地雷の撤去作業時に使う目印で、白は安全が確保されている印という。一方、いまだに地雷や不発弾の危険がある所は赤になっている。紛争が長く続いたアフガンには、全土にわたって地雷が設置されてしまっている。正確な設置場所が記された書類がないため、地雷の撤去作業は困難を極め、遅々として進んでいない。アフガンはもっとも多くの地雷が埋まっている国の一つとも言われており、毎月一〇〇人以上もの人々が被害に遭っている。

日本ではありえないアフガンの日常風景を横目に移動すること半日、日が暮れたころにバーミヤンに到着した。バンを降りると、店頭でケバブを焼いているレストランが目に入った。香ばしい匂いが漂ってくる。そういえば、朝からビスケットと水しか口に入れていなかった。

途上国の食事は衛生面に不安がある。当時のぼくは、移動中にはなるべく食事をとらないようにしていた。移動中に下手なものを口に入れて下痢をし、トイレに行けず、窮地に立たされたことが何度もある。そういえば、こんなこともあった。

イランの首都テヘラン（Tehran）で、熱が出て下痢に悩まされたことがある。安宿で休養していたが、一か月ビザで入国していたため有効滞在期限がまもなく終わろうとしていた。出国するために慌てて長距離バスに飛び乗ったが、お腹は悲鳴を上げ続けていた。砂漠のど真ん中で、隠れる場所などどこにもない。仮にバスを降りられたとしても、英語を解さない運転手に置いていかれたらシャレにならない。バスは満員だから、外で用を足すにしても客たちに見られてしまうことになる……カッコ悪すぎる。どうしたらよいのだ！　しかし、そんなふうに悩む余裕もすぐになくなった。

運転手に身振り手振りで事情を説明し、バスを停めてもらうとバスの斜め前方へ三〇メートルほど走り、バスと向き合う形でしゃがみこんだ。これなら乗客たちにお尻を見られずにすむし、運転手に事情が伝わっていなかったとしても、用を足す姿が嫌でも目に入るから置いていかれる心配もない。このあとは……あまり思い出したくない。

最近では病気にかかることも減り、移動中も多少の食事をとるようにしているが、やはり移動中のトイレは海外でもっとも悩まされる問題の一つである。

香ばしい匂いに誘われてレストランに入った。二〇平方メートルほどの店内には絨毯が敷き詰められている。伝統的なアフガン式の食事は、椅子や食卓を使わずに床に座って行われる。料理は床に敷いたシートの上に乗せられるのだが、このレストランでも大勢の客が絨毯に座って食事をしていた。

テレビで放映されているインド映画を眺めながら、注文したケバブをのんびりと味わった。次第に客が増え、絨毯は男たちでいっぱいになってしまった。しかし、食事を終えたと思われる男たちはレストランを去ることなく、その場でゴロゴロしている。英語を少し話すアフガン人に聞いてみると、このレストランでは、夕食を食べれば朝までここに滞在してもいいのだという。

のちに知ったのだが、まだまだ治安が安定していないアフガンでの深夜の移動は、タリバンの残党勢力などから襲撃を受ける可能性があるため、旅人や行商人たちは長距離移動の際には途中の村にあるレストランに滞在して、夜が明けてから旅を再開するという。

早朝から移動していたこともあり疲れきっていたぼくは、混み合う男たちのなかに一人分のスペースを見つけて身体を横たえた。両側には髭もじゃのおやじ（イスラムでは、男性が髭を伸ばす風習がある）がぴったりと密着しており、寒さを感じることなくぐっすりと眠ることができた。客観的に考えると、少々というか非常に恥ずかしい光景である。

翌朝、目を覚ますと、男たちは朝一《あさいち》のバンに乗ってすでに出発していた。レストランには、数人の客だけが残されていた。ちなみに、女性客はまったくいなかった。男性客と同じ場所での雑魚寝ができない女性には、専用の部屋が用意されているらしい。

外に出ると、吐く息が白くなるほど寒い。近くを流れる小川で顔を洗うと顔が凍えそうになった。すでに、バーミヤンには本格的な冬が訪れていた。

レストランの主人に数日宿泊する旨を伝え、バッグを預けて村を散策した。本通りを抜けて丘の上に登ってみる。標高が二〇〇〇メートル以上あるせいか、それとも日頃の不摂生がたたったのか、「ぜえぜえ」と息を切らしながら丘を登りきると、眼下には、冬の澄んだ空気のなか驚くほど美しい絶景が広がっていた。

眼下には数百メートルほどの商店街があり、その奥には農閑期の畑が広がっている。さらに奥を望むと、崖を掘って造ったと思われるたくさんの穴が見えた。巨大な崖にポッカリと縦に大きくえぐられた空間があり、そこが破壊された大仏の跡だとすぐに分かった。この世の光景とは思えないほどの素晴らしさだったが、大仏があったときはもっと美しかったにちがいない。時を忘れて、その光景を眺め続けた。

バーミヤン渓谷は五〜六世紀に仏教の聖地として栄え、七世紀には『西遊記』で有名な玄奘三蔵もこの地を訪問している。渓谷には山を削って彫られた二つの巨大な仏像があり、仏教徒たちによって崇められていた。当時、ここで数千人にも及ぶ僧侶が修行をしており、巨大な僧院もあったと言われている。きっとここは、楽園のごとくのどかで平和だったのだろう。

そんな地にあった仏像が、偶像崇拝を禁ずるタリバンによって二〇〇一年に爆破されてしまった。イスラム原理主義者たちが、自らの主義のために世界の遺産を壊してしまったのだ。このタリバンの愚行に世界中が震撼した。

世界遺産とは、その場に住む人々だけのものではなく、地球に住む全人類のものである。イスラム原理主義者たちは、次にエジプトのピラミッドも破壊しようとしているという。一部の過激思想のせいで、平和を好む多くのイスラム教徒が誤解されているのが残念でならない。

バーミヤンには、日本人と同じモンゴロイド系のハザラ人が住んでいる。少数民族であるがゆえ中央政府での影響力が小さく、村への援助金も少ない。そのため開発が進まないバーミヤン渓谷ではあるが、それを気に病む様子がう

かつて僧侶達が暮らしていたとされる洞窟跡で暮らす人々。その後、行政の指導で追い出されてしまった

かがわれない。

バーミヤンの生活は至ってシンプルなもので、暗くなれば寝て、陽が昇れば起き、畑を耕して家畜を飼って生計を立てている。自然とともに生きるという、本来の人間の営みである。モノがあふれる豊かさとは無縁の生活だが、お金では買えない美しい自然や動物と共存する知恵をもっている。

バーミヤンでは、元気に勉強する子どもたちにも出会っている。海外の支援団体から送られたテントの中で、少女たちが熱心に先生の話に耳を傾けていた。タリバン政権では少女の通学が禁止されていただけに、初めて通う学校にみんな興奮気味であった。ひょっとしたら、初めて見る日本人の存在に驚いていたのかもしれない。

アフガンでは、男女が一緒に勉強することは少ない。男子だけが通う小学校を訪問したとき、うっすらと髭の生えた青年が、まだあどけない顔の低学年児童と一緒にテント

仏像を破壊するビン・ラディンとムハンマド・オマル（Muhammad Omar・1959〜）を描いたカレンダー

の教室で授業を受けているという光景を見た。戦争に駆り出されていたため、これまでは勉強の機会がなかったという。

アフガンだけではない。内戦で崩壊状態となった国では、国民が平等に教育を受けられるように政府が率先して教育システムを整えていかねばならない。質の高い基礎教育を受けることができてこそ、一人ひとりの子どもたちが自らの可能性を広げていくことができる。社会の豊かさや国の発展は、そのあとに続くものであろう。

アフガンは、今まさに国として再出発したばかりである。新しい学校や病院が建ち、街も少しずつだが成長している。とはいえ、「ニュータリバン」と呼ばれる勢力とアメリカ軍との戦いは終わっていない。

トライバルエリアでは、無人爆撃機による攻撃で罪のない人々が傷ついている。都市部では自爆攻撃が絶えず、治安はなかなか改善されない。言うまでもなく、撤退してい

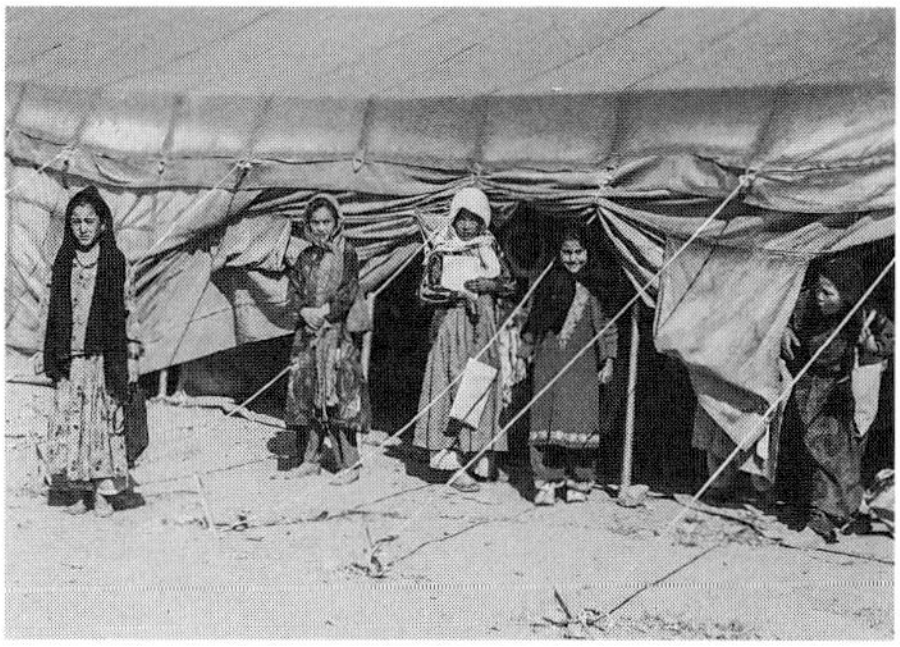

小学校に通学する女の子達。後ろのテントは教室

く開発援助団体も少なくない。9・11からはじまった戦争は、二〇一四年現在も収束していないのだ。それでもぼくは、「村には病院がないから、勉強をして医者になって村のみんなを診てあげるんだ」と言う少年たちがいるかぎり、この国の未来は捨てたものじゃないと実感している。

ちなみに、このころのぼくは出版社への売り込み方法を知らなかったので、写真を雑誌などで掲載することはできなかったが、都内で写真展を開いてこのときの様子を伝えている。

2 ベオグラードで見た夢

カメラバッグには、「B92」と記されたキーホルダーが取り付けてある。B92といっても、アメリカ航空宇宙機器メーカー「ボーイング社」が開発した戦略爆撃機B52とは何の関係もない。92.5という周波数（kHz）を使用する、セルビア（Serbia、旧ユーゴスラビア）のラジオ放送局の名前なのだ。

なぜ、そんなものを大切にしているかといえば、そのキーホルダーにはジャーナリストの魂とも言える大切なメッセージが含まれているからだ。いや、それはただの口実にすぎず、単にかわい子ちゃんからの贈りものだったからである。つまるところ、過去を決して忘れられない寂しいだけの男なのかもしれない。

激動のユーゴスラビア

ヨーロッパの南東部に位置するバルカン半島（Balkan）。多民族が暮らすこの地域は、ヨーロッパの火薬庫として知られている。ユーゴスラビア（Yugoslavia・ユーゴ）という名前が歴史に初めて登場するのは一九二九年、同地のセルビア人、クロアチア人、スロベニア人らがユーゴスラビア王国を形成したときである。

第二次世界大戦でユーゴは一時的に日独伊の三国軍事同盟に参加するが、すぐに中立の立場をとった。その後、ナチス・ドイツに占領されて

旧ユーゴスラビア諸国

しまうものの、一九四五年には、スロベニア（Slovenia）、クロアチア（Croatia）、ボスニア・ヘルツェゴビナ（Bosnia and Herzegovina）、セルビア（Serbia）、モンテネグロ（Montenegro）、マケドニア（Macedonia）の六つの共和国からなる社会主義国家として生まれ変わった。

一九八〇年ごろになると、民族や言語を異にする各地域において独立の動きが目立ちはじめた。ソ連が解体に向かい、社会主義が衰退しつつあった一九九〇年には各共和国で自由選挙が実施され、セルビア共和国ではスロボダン・ミロシェビッチが大統領に就任した。[2] 軍事同盟NATO（北大西洋条約機構）や国連の調停により、一九九五年には各地域で繰り広げられていた独立紛争は解決したが、このころ、アルバニア人が多く占めるセルビアの自治州コソボも独立を主張しはじめた。

一九九七年、連邦に残っていたセルビア共和国とモンテネグロ共和国の二か国によって形成されたユーゴスラビア連邦共和国でミロシェビッチが大統領に選出されると、ユーゴスラビアは武力による鎮圧を図った。コソボ（Kosovo）を舞台とするアルバニア人とセルビア人の紛争は苛烈を極め、死者数は一万人を超え、いまだに行方不明となっている人も多い。

この紛争にNATOが軍事介入し、一九九九年、首都ベオグラード（Beograd）を空爆した。セルビア軍はコソボから撤退し、コソボは独立を果たした。ミロシェビッチは国際戦犯法廷で裁かれるはずだったが、拘留中、体調不良のため死去。そして、各国の独立によりユーゴは解体され、二〇〇三年、地図上からその名を消した（セルビア共和国とモンテネグロ共和国は、二〇〇六年に分離している）。

国境を越えてユーゴスラビアへ

二〇〇二年夏、前節で述べたようにニューヨークの会社を退職し、フォトジャーナリストになることを決めてアフガニスタンに向かっていたぼくは、その途中にユーゴを訪れている。まだまだ未熟で世界を知らなかったから、軽薄な物見遊山という気持ちがあったのかもしれない。そのうえ、決して戦争を体験したいわけではないが、心のどこかに、より過激で衝撃的な写真を撮りたいという若気の至りがあったのだろう。ルーマニアの首都ブカレスト（Bucharest）から隣国ユーゴの首都ベオグラードに向かう夜行の国際列車に、ぼくは飛び乗った。

深夜、コンパートメント席の木製シートに横になっていると、顔を赤らめた酔っぱらいオヤジが入り込んできた。面白いのがやって来た、とワクワクしたのもつかの間、まったく通じない英語で、とにかくずっとしゃべりっ放しでぼくにからんでくる。少々辟易しはじめたころ、ブカレ

（2）（Slobadan Milosevic・一九四一～二〇〇六）セルビア民族至上主義者。実業家として成功を収めたのちに政界に転身し、セルビア共和国大統領、ユーゴスラビア大統領などを務めた。コソボ紛争では多くのアルバニア人を虐殺したとされる。

ストで購入したビールを差し上げた。よっぽどお酒が好きなのだろう、大喜びして「俺のマッチョぶりを見よ」とばかりに、その場でシャツを脱ぎ捨てて腕立て伏せをはじめてしまった。

オヤジのからみがあまりにもしつこく、いいかげん疲れたので、通りかかった車掌に報告すると、驚いたことに、自動小銃で武装した屈強な警備隊員が現れた。隊員たちは、最初オヤジを説得しようとしたが、オヤジがまったく聞く耳をもたないのでボコボコに殴りつけ、そのままコンパートメントから引きずり出して連行してしまった……。

誰もいなくなったコンパートメントに一人残されたぼく、安心するというよりは、「なんちゅう恐ろしい国なのだ」という不安に駆られた。と同時に、こんなことになるならビールなどわたさなければよかったと、少しだけ反省した。

その後、国境近くでは大荷物を抱えたオバサンたちが乗り込んできた。ぼくがいるコンパートメント席に座ったオバサンたちは、シートの下に何かを詰め込んだり、途中で止まった駅で窓から何かを落としたりと大忙しである。密輸をしているのか……としか思えない。

そういえば、学生時代に北米大陸を電車で旅していたときに恐い経験をしている。やはり夜通し走る列車に揺られていたが、朝、目を覚ましてみると数名の警察官に取り囲まれていた。タレコミがあり、ぼくの隣に座っていた黒人女性がコカインの運び屋であることが判明したのだという。

オバサンたちが何か問題を起こして、ぼくにも火の粉が降りかかるのではないかとオロオロしながら様子をうかがっていたが、オバサンたちはあまりにも大胆で、悪びれている様子もない。そのまま国境を越えると、みんな颯爽と姿を消してしまった。とにかく、エキサイティングな国境列車だった。

東欧には美人が多い？

早朝、ベオグラードに到着して、まずは宿を探した。今もお金はないが、当時はもっと貧乏だった。それゆえ、目指す目的地はユースホステル。一つの部屋に二段ベッドがいくつも置かれている安宿だ。お金のない若者に人気で、世界中に存在している。当時のぼくはよっぽど楽天的だったのか、それとも世間知らずだったのか、貴重なカメラ機材が盗難されるという最悪のことも恐れずに、このような宿に宿泊していた。

重い荷物を背負い、汗を流しながら一時間ほど歩くが、ユースホステルが見つからない。疲れ果てたころ、背の高い金髪の女性が片言の英語で話しかけてきた。

「何を探しているの？　手伝いましょうか」

顔が小さくて、目鼻立ちの整ったきれいな人である。東欧には美人が多いというが、ユーゴスラビアもそこに含まれるのだろう。改めて周囲を眺めてみると、スタイルがよく、思わず視線を動かしてしまう女性が多い。この彼女のおかげで宿が見つかり、お礼を言うと、「生まれて初めて日本人とお話しできて、とても光栄だわ」と言う。日本人というだけでこんなに喜んでもらえるなんて……口笛を吹きながら軽快にスキップをし、宿の門をくぐった。

ちなみに、世界中で日本人男性ぐらい魅力に乏しい存在はないらしい。その典型であるぼくは、女性から声をかけられることがない。しかし、ユーゴスラビアとイランにかぎっては声をかけてくる女性がいた。保守的な印象のあるイランだが、黒いチャドル（顔以外の全身を隠す伝統衣装）を着た女子学生数人から、「一緒に写真を撮らせてほしい」と声をかけられ、「私たちの大学に来ない？」と誘われたこともある。硬派を気取る（実は小心者なだけ）ぼくはもちろん断ったが、この幸せなエピソードをときどき思い出しては薄ら笑いを浮かべ、悦に入っている。

傷跡の残るベオグラード

ベオグラード市街は想像していたよりもずっと安全で、荒《すさ》んだ様子はなかった。精細な飾りが美しい東ヨーロッパの建築スタイルと、シンプルで飾り気のない共産圏の雰囲気が混じり合った街並みは、文化の交錯するこの地域ならではの特色である。ほかの大都市と違って、歩いている人々にせかせかとした印象がなく、どことなく穏やかである。ここが、数年前に戦場と化していたとはとても信じられない。

とはいえ、所々に傷跡が残っていた。爆撃機からの空爆を受けた官庁舎は、上層階が消え去り、外壁は吹き飛んでおり内部が丸見えとなっていた。窓枠はなく、コンクリートがむき出しのその様子から、爆撃の威力、殺人兵器の脅威、戦争の恐ろしさがまざまざと感じられ、背筋が寒くなった。

終戦から三年がすぎているのに、空爆を受けた建物がいまだに手つかずのまま残されているのはなぜだろう。戦争を二度と繰り返さないための記念碑として残しているのだろうか。それとも、ＮＡＴＯやアメリカへのあてつけなのだろうか。

この地の紛争に介入したＮＡＴＯは、罪のない市民をも犠牲にしている。ぼくがユーゴを訪れていたころ、ＮＡＴＯ軍の編成したＩＳＡＦ（国際治安支援部隊）はアフガニスタンに軍事介入をし、空爆を繰り返していた。残念ながら、ユーゴが受けた傷から大切なことを人々は学んでいなかった。

街の所々に残されている空爆を受けた建物

貧しい人々が列車の中で暮らしていると聞き、早速訪ねることにした。市中心部からそれほど遠くない操車場の片隅に、年代物の貨物列車が放置されていた。そばに敷設されている線路に小学校の低学年ぐらいと思われる少女が立ち、じっとぼくを見つめている。近づいていくと、驚いたのか、列車の中に消えてしまった。

貨物列車の扉は開け放たれたままだった。中をのぞくと、木のテーブルや汚れたソファなどの家具が並んでいる。その一つの椅子には、ヨレヨレのシャツを着たオジサンがタバコをふかしながら腰かけていた。少し英語ができるようなので話を聞くと、華やかな街の中では見ることのできないユーゴの現実が垣間見えてきた。

オジサンとその家族は、戦争が終わってからここに住みはじめたという。先ほどの少女はオジサンの娘で、奥さんと三人で貨物列車に暮らしている。仕事はなく、少女も学校には通っていない。ホームレス状態だった彼らは、雨風

写真の左に写っている貨物列車の中で生活する人々がいた

をしのぐために列車に住みはじめたと言う。

　戦争が終わり、平和で自由な時代が訪れても、社会の変化をうまく享受できない人々がいくらでもいる。器用な人は、自らチャンスをつかむことができるからいい。でも、不器用な人たちだっているのだ。そういう人たちでもチャレンジできる社会をつくることが、政府の役目ではないだろうか。

お調子者の日本人が一人

　ベオグラードのユースホステルで、ぼくはちょっぴり人気者になってしまった。そもそも東洋人が珍しいうえにぼくが空手を披露したものだから、みんな大喜びしたのだ。ロビーでジャッキー・チェンのように颯爽と大技を見せると、ギャラリーからは「ビューティフル」とか「グレート」という歓声が上がった（ような気がする）。

　調子に乗ったぼくは、「日本の伝統武術を特別に伝授い

破壊された建物で貧しい人々がひっそりと暮らしていた

たそう」と提案した。すると、もともと興味があったのか、それともぼくの有無を言わせぬ迫力に負けたのか、宿のスタッフや宿泊客から希望者が現れて、にわか空手教室をはじめることになった。なかでも、一人の女の子が熱心にぼくに絡んできた。異国の武術に惹かれたのか、それとも日本文化に興味があるのか。まさか、ぼくのさえないマスクが気に入ったわけではないと思うが……。

ゴルダノ・ステファノビッチという名前の彼女は、ほかのセルビア人女性のように金髪で背が高いわけではない。古い言い回しだが、ゴージャスというタイプではないのだ。髪は栗色で、背も高くない。きれいというよりは、むしろ可愛らしい顔立ちをしている。大学生だという彼女は英語が話せるので、外国人が訪れることの多いユースホステルでアルバイトをしていた。家族は病を患う母親のみ、だから自分で働いて学費を稼いでいると言う。

彼女はアルバイトが終わると、毎日のようにぼくを誘ってベオグラードの街を案内してくれた。破壊の傷跡は残っていても、街は美しかった。正直に言えば、ぼくの目にはこの街の風景はあまり入ってこなかった。彼女との会話のほうがずっと興味深かったのだ。その内容は、日本に住んでいたらまず体験することがないであろうというものである。

ベオグラードで空爆があったとき、彼女は母親がいる郊外に疎開した。その間、じっとニュースに耳を傾けるほかは何もできなかったと言う。やっと戦争が終わり、街に戻ってくると、そこかしこが破壊されていた。NATOの空爆は、軍や政治家だけでなく、何の罪もない市民をも巻き添えにしていた。

「それは絶対に許されないことだけれど、独裁者のミロシェビッチが力を失ったことは純粋に嬉しい」と彼女は言い、「これで、この国は少し変わるかもしれない」と続けた。

　コソボでは、イスラム教を尊ぶアルバニア人と、ギリシャ正教を信仰するセルビア人の間で紛争が続いていた。

「アルバニア人が嫌いとかではなくて、彼らとは宗教も生活様式も違うから共存は難しいと思う。だから、コソボの独立はやむをえないかもしれない。とにかく、戦争はもうこりごり」と語った彼女は、ため息をついた。

　彼女は、ぼくにいろいろと質問もした。「日本はどういう国で、人々はどういう生活をしているのか」、「ほかにはどんな国に行ったことがあるのか」、「世界にはどんな人々がいるのか」などである。決して多くのことを経験したわけではないが、これまでの見聞をぼくが大げさに話していると、ふと彼女がつぶやいた。

「できることなら、私もあなたと一緒に自由に世界を旅してみたいわ」

「映画『卒業』のダスティン・ホフマンのように、君をさらって旅に出たいよ」とか、チューリップの名曲『心の旅』のように、「眠りについた君をポケットに詰め込んでそのまま連れ去りたいよ」と心の中で甘くつぶやいてみたが、実際に口に出すだけの勇気はぼくにない。間抜け面をさげて、「アハハ」と笑うだけだった。

「いつか、機会があれば日本に遊びにおいでよ」と、臆病者のぼくがなんとか言うと、「日本に行くにはお金がたくさん必要でしょう？　とても無理だと思うけど、いつかそんな日が来ればいいな」と彼女は言い、微笑んだ。

人は、生まれてくる場所を選べない。彼女はユーゴという激動の国に生まれ、醜い戦争を体験し、破壊された街で必死に生きていた。一方のぼくは日本で生まれ、不自由を知らずに、カメラ片手に自由気ままに生き、お気楽な気持ちで戦争の傷跡の残るユーゴにまで来てしまった。たまたま日本に生まれたことで、ぼくは多くの選択肢を与えられた。たまたまユーゴに生まれた彼女は、かぎられた世界で生きることを強いられた。一体、誰がこの運命を決めたのだろうか……。

答えなどないこの疑問にぼくは身をもってぶち当たり、この世界の不条理と不平等をしみじみと感じた。と同時に、ユーゴという国で生きる彼女のためにできることが何もないという無力感も覚えていた。お金を持たない、ただの旅人にすぎないぼく。夢はあったが、その夢でさえ不安定なもので、時にはロウソクのように消えかかってしまう。そんな儚い存在のぼくが、彼女の未来を切り開いていくことなんてできるはずがない。

それでもぼくは、毎日彼女と散歩をし、ご飯を食べ、時にはお酒を飲んだ。ユースホステルに宿泊している時点で、彼女はぼくが潤沢な資金をもつ訪問者でないことを知っていた。だから、食事のあとに彼女の分まで払おうとしても、彼女は決して払わせてくれなかった。思い返せば、ぼくの軽薄な虚栄心は、かえって彼女のプライドを傷つけたのかもしれない。

そんなある夜、二人で夕食をすませ、石畳の道を宿に向かっていたとき、ふと手と手が触れ、どちらからともなく手を握りあった。雨上がりの水たまりに、黄色い電灯の光が反射しているのがとても印象的だった。

小さな贈り物

彼女と食事に行ったり、散歩をしたりする以外の時間はスラム街に行くなどして写真を撮って過ごしたが、それも終わりに近づいていた。そろそろ出発しなければならない。目指す場所は自由を手に入れたアフガニスタン――ぼくはまだ歩き出したばかりなのだ。

「ああ、明日の今頃はぼくは汽車の中♪」

またもや、チューリップの名曲『心の旅』が心の中で響いていた。

「ああ、だから今夜だけは君を抱いていたい♪」

という歌詞のように、旅立つ前夜、ぼくは彼女とともに過ごした――なんてことは勇気なしのぼくにできるわけがない。そっと、ホテルで別れを告げるつもりだった。

ルーマニア行きの国際列車の出発は夕方近かったと記憶している。大切な仕事を早く切り上げて、彼女が駅まで見送りに来てくれた。大きな荷物を持ったぼくに付き添い、コンパートメント席の確認をすると、二人でその木製シートに腰を下ろした。

もう二度と会うことができないかもしれないのに、そんなときにかぎっておどけてしまう。「このまま一緒にこの国を離れても、誰も咎めないんじゃないかな」なんて冗談を言って大切な時間を浪費していると、無情にも出発時間を知らせるアナウンスが響いた。

小さなキーホルダーをポケットから取り出した彼女は、ぼくの手のひらにそっと乗せてくれた。「B92」と記されていた。

「この放送局は、何度も何度も政府に閉鎖されたけれど、そのたびに再開してミロシェビッチを批判し続けたの。私たちは戦争中、ずっとこの放送局を聞いていたのよ。あなたが持っているといいわ」

発車の時間がやって来たのでコンパートメント席を立ち、ぼくは列車の昇降口まで彼女を見送った。そこでお別れだった。彼女が突然振り向いた。と同時に、二人の唇がそっと触れあった。ドアが閉ざされ、列車が動き出すと、しばらく呆然とし、席に戻って缶ビールのふたを開けた。思い出が次々に浮かび上がってきた。次第に酔いが回りはじめ、この国での体験が本当に起きたことなのか、それともぼくがつくり上げた空想にすぎなかったのかさえ分からなくなった。すべては夢だったのかもしれないという気が、今もしている。

　ぼくはその後、ユーゴを訪れていない。

3 再訪、地雷大国アフガニスタン

　黄土色の大地の上に、地雷の危険を示す赤い石が見える。そのそばには破壊された大仏の跡、少し離れれば畑も広がっている。四年前、毎日ぼくが散歩していた場所である。いや、「ぼくが」と言うのはおこがましい。ここに住む人々が毎日歩き、生活している場所なのだ。

　二〇〇六年冬、ぼくはアフガニスタン中央部に位置するバーミヤン渓谷を再訪した。四年前には調査されていなかったが、その後、専門家によって多くの地雷が見つかった場所である。つまり、二〇〇二年のぼくは、何も知らずに地雷原を歩き回っていたことになる。あのとき地雷を踏んでいたら……と思うと何とも恐ろしい。

　先に述べたように、アフガンは世界でもっとも多くの地雷が埋まっている国の一つである。毎月一〇〇人以上もの人々が被害に遭っており、誰もが危険と隣り合わせで生きている。

　二〇〇二年に初めてアフガンを訪れ、帰国後ぼくは撮影会社に就職し、二年間にわたってみっちりとカメラ修行を積んだのちにフリーランスとなり、独立した。その際、再出発の地はアフガンしかないと決めた。

初めて訪れた年、アフガンでぼくは小川で洗濯をする少女を見かけた。そのそばには整然と赤い石が並んでいた。車窓から見た一瞬の風景であり、写真に収めることはできなかったが、その印象はあまりにも強烈なものだった。この光景が忘れられず、いつか地雷の取材を行おうと決めていたのだ。

またまた陸路で国境越え

フリーランスとして多少の自信をつけただけでなく、働いていたため多少の資金も用意できた。「今回の俺は違うぜ」と意気込み、カブールまでのパキスタン航空のチケットをゲットした。パキスタン航空は、「イッシャアッラー（神のみぞ知る）航空」としても知られている。機長がフライトスケジュールをアナウンスしたあと、「イッシャアラー」と付け加えるからだ。要するに、神が望めば私たちは無事に目的地に到着しますよという意味だ。敬虔なイスラム教徒にとっては、「すべては神の意思のもとにある」という忠誠の言葉なのだろう。

高所恐怖症のぼくは、誰よりも心を込めてお願いした。「神様、どうか無事にカブールに連れていってください」

そのおかげか、成田からパキスタンの首都イスラマバード（Islamabad）までは無事に到着した。乗継便は翌日なので市内のホテルに一泊して空港に行くと、悲しいことにカブールが大雪に見舞われているためフライトがキャンセルになっていた。次のフライトは数日後。きっとお祈りが足りないせいだと気付き、イスラマバードにある世界最大級のシャーファイサル・モスクを訪れた。しかし、イスラム教徒に改宗していないぼくは、きっぱりと入域を断られてしまった（イスラム教徒でなくても入れることがあるらしい）。

焼きもきしながら時間を潰し、予定されていたフライト日に空港に向かうと、掲示板には雪のために「遅延」と出ている。在日パキスタン大使館で取得していたのはトランジットビザ（通過ビザ）だから、この国に長居することはできない。困り果ててベンチに座っていると、同じように立ち往生しているアフガン人の若者グループに声をかけられた。彼らはドイツに移民したアフガン人で、英語を流暢に話した。

「こんな状況じゃ、いつ故郷に戻れるか分からない。ぼくたちはバスをチャーターして、陸路でカブールに向かうことにする。分ければ安くなるから、よかったら君も一緒に来ないか？」

外国人は、許可証がなければパキスタンとアフガンの国境にまたがるトライバルエリア（部族地域）に入域することはできない。それに、そこは無法地帯で危険度はマックス。とんでもなくデンジャラスであることを、過去の経験で重々承知している。しかし、このままでは目的地のアフガンに入国できないうえに、パキスタンでは不法滞在者となってしまう。悩んだ末、ぼくは空港を飛び出し、彼らがチャーターしたバスに飛び乗った。

このとき、イスラマバードの空港で困り果てていたぼくを見て、「やれやれ、哀れな韓国人がいるぞ」と言って見捨てていった日本人がいる。長い付き合いになる彼が、本書に登場するのはもう少しあとになってからである。

開き直りはしたが、まだ一つの心配事があった。このままアフガンに向かっても、国境に到着するのはおそらく夕方遅くになる。知るかぎり、一九時ぐらいには国境が閉鎖されるはずだ。同乗の若者たちに相談すると、運転手が「ノープロブレムと言っている」とのことだったが、途上国で耳にする「ノープロブレム」ほど信用できない台詞はない。

不安を抱えながらの数時間、何とかトライバルエリアには入域できた。外国人だとばれてトラブルには巻き込まれたくはない。なるべく顔を出さないようにシートに深くうずくまっていたとき、「やっぱり、閉鎖時間前に国境に到着するのは無理や。今日はここで泊まろう」と運転手がとんでもない提案をした。真っ暗闇のなか、一人逃げることはできない。「我々がいるから大丈夫」と若者たちはぼくを励ましてくれるが、トライバルエリア内での一泊とは……。

部屋のドアがガタガタするおんぼろホテルに入っておどおどしていると、「外に遊びに行くけれど、君も一緒に行かないか」と、親切心から彼らはぼくを夜遊びに誘ってくれた。

「絶対に出たくない！」

きっと、神様へのお祈りが足りなかったのだろう。鍵を閉めて布団にくるまり、朝までお祈りをした。翌日、国境を越え、無事にカブールに到着。ぼくは心から胸をなで下ろし、まるで彼らと同じように、故郷に帰還した気分に浸った。

変貌を遂げていたカブール

四年ぶりとなるカブール。かつては崩壊した建物がそこらじゅうにあり、どこか暗い雰囲気を漂わせていた街だったが、このとき目にしたカブールの街並みは一変していた。車の交通量が増え、どこの交差点でも渋滞が起きている。繁華街にはショッピングセンターや宝石店、映画館まで建てられている。それ

カブール鳥瞰写真

に、ブルカを着ている女性がほとんどおらず、オシャレをした若者が街にあふれていた。みんなが自由な生活を満喫しているようである。

通りには外国人向けの食料品店などが軒を並べ、高級な電化製品もあふれている。トヨタが誇る大型四輪駆動車のランドクルーザーに乗った外国人が、現地人スタッフをボディガードとして従え、買い物に来るという姿を頻繁に見かけた。外国人が通う店だから値段も高額で、現地人がそんな店で買い物はできない。どうやらカブールには、外国人のためだけに存在する店がいくつもあるようだ。

カブールにオープンしたショッピングセンター。アフガンでは貧富の格差が広がっている

一部の地域には外国人専用の高級レストランもいくつかオープンしており、それぞれ賑わっていた。一度だけ利用したが、先進国並みの料金をとられ、毎回地元のレストランで数ドルの食事をするためにあるぼくの財布は悲鳴を上げてしまった。

アメリカ軍による都市への大規模な攻撃のあと、アフガンには世界中から開発・支援団体が集まった。海外の支援団体や企業が巨額の資本を携えて押し寄せ、開発や支援事業を開始したわけである。そして、一部の人間がその潮流に乗って発展を享受していた。

たとえば、欧米の組織から事業を請け負ったアフガンのＮＧＯは、多額の資金を受け取り、次から次へと事業を拡大して設備を整えていった。豪邸を建て、高級車を乗り回し、ブランド物の洋服を着たＮＧＯの代表者もいたから、驚きとしか言いようがない。

一部の人間が富を得る一方で、乗り遅れた者は社会の隅にどんどん追いやられるといったシステムが構築されつつあった。そんなカブールには、何とかしてカネを得ようとする子どもの姿も多かった。道端でお菓子を売る少年、渋滞で一時停止した車の窓を拭いて小銭を受け取る少年、ゴミを漁る少年も少なくなかった。また、危険を顧みず車が行き交う道路の真ん中で手を出し、小銭を無心する子どもの姿もあった。このような少年たちは学校に通えているのだろうか。目まぐるしく移りゆく時代の激流にもまれ、子どもたちもその日その日を必死に生きていた。

戦争で失ったのだろうか、片足をなくした男性

車が行き交う道路の真ん中で物乞いをする少年

地雷と隣り合わせ――訓練生の暮らし

右手には荒廃した土地、左手には民家や商店が並んでいる。それらを隔てるように舗装された道路が続いている。地雷除去訓練を取材するために、ぼくはカブール北に位置するバグラム（Bagram）郡を訪れた。アメリカ軍による捕虜への虐待があったバグラム空軍基地は、あまりに有名である。

寒々しい灰色の冬日が続いていたが、この日は久しぶりに陽が射したので、ぼくは取材の合間を見てスナップを撮りながらウロウロしていた。気分よく歩いていると、小学校帰りと思われる少年たちがすごい形相をしながらぼくのほうに駆け寄ってきた。何事かと身構えたが、時すでに遅し、みんなでぼくの腕をつかみ、強引にどこかへ連れていこうとする。拉致されるのか……と不安になり、少年たちの手を必死に振り払ったが、彼らは離さない。少々手荒く抵抗しようかとも思ったが、どうも様子がおかしい。危害を加えるわけではなさそうだ。

習い立ての英語とジェスチャーで、少年が一生懸命事情を説明してくれた。彼が話すには、どうやらぼくは地雷原のすぐ横を歩いていたらしい。口笛を吹いてのんきに歩いているぼくを見かけた彼らは、慌てて安全な場所に連れ戻そうとしてくれたのだ。そんな善良な少年たちを疑ったことを恥じつつ礼を言い、地雷除去の訓練が行われている訓練所に戻ると、「そういえば、ここら辺りにも地雷がまだ埋まっているから気を付けてね」と教官から注意を頂戴した。そういう大事なことは、もうちょっと早く教えてほしい。

　土壁に覆われた部屋に入ると、地雷除去に長年携わってきた教官が緑や白、黄色の地雷を手にして、その生産地や信管のはずし方などを繰り返し訓練生たちに教えていた。訓練で使われる地雷は火薬が取り除かれているが、本番ではもちろん本物の地雷を扱うことになる。隣の部屋を見ると、イタリア製の金属探知機の使用方法が教えられていた。命がかかっているから、どちらの部屋もみんな真剣そのものである。それに、試験に合格しなければ訓練生たちは故郷に戻されてしまう。

　ここは、日本のNGO「日本紛争予防センター」（JCCP：Japan Center for Conflict Prevention）[3]によって運営されている地雷除去訓練所である。訓練生たちは約一か

（3）のちに、日本地雷処理を支援する会（JMAS：Japan Mine Action Service）に引き継がれる。連絡先：東京都新宿区市谷本村町3－18　TEL：03－5228－7820。

彼女の家の壁には、まだ安全の確認ができていない印があった

月にわたって住み込みで訓練を受け、試験に合格した者のみが晴れて除去員になれる。

　訓練生のほとんどは、武器に詳しい従軍経験者である。長く続いた戦乱のなかで、ムジャヒディンゲリラ（聖戦のために戦う民兵）のメンバーとなって銃を取り、人を殺めることを生業としてきた彼らには、手に職をつける機会というものがこれまでになかった。そんな彼らが、社会復帰するというのは簡単なことではない。地雷除去員となる機会を与えることは、元兵士のＤＤＲ（Disarmament Demobilization Reintegration・武装解除、動員解除、社会復帰）を進めるためにも重要な役割を果たしている。

　彼らの訓練は朝八時にはじまり、午後一時半まで続けられる。その間三〇分の休憩が二回あり、チャイ（紅茶）と菓子が振る舞われるが、それ以外の時間は厳しい訓練の連続である。屋内で行われることも多いが、時には外に出て実地訓練を行うこともある。郊外に出る場合などは、僅かなチャイ休憩が入るのみで夕方まで延々と訓練が続くのだが、元兵士たちの口からはひと言の弱音が出ることもなかった。

　訓練が終わったあとに昼食。大抵の場合、チャイと簡単なパラオ（ピラフ）とナンというメニューである。アフガンのパラオには干しレーズンやニンジン、タマネギが入っていて、味は少々甘い。アフガンの人たちは、これをナンに包んで食べるからすごい。

　昼食後は、各自が自由に過ごす。コーランを読む訓練生もいれば、散歩に出る訓練生もいる。

彼らがもっとも楽しんでいるのはバレーボールだ。バレーボールはアフガンじゅうで人気を博しており、各地でコートを見かける。身体を動かし、汗をかいて日頃のストレスを発散しているのだろう。

夕食は午後七時から。肉野菜炒めや「コルマ」と呼ばれる煮込み料理などが用意されるが、栄養も豊富という。お酒を飲む習慣のないイスラム圏の夕食後は、またチャイ。それを飲みながら、リラックスして就寝までの時間を過ごす。アッラーへのお祈りをする日の出前に起きなければならないので、夜更かしはできない。まさに軍隊にいるかのようなストイックな生活を一か月も続けながら、訓練生は最終試験を目指して日々励んでいる。

危険をともなう地雷除去

辺りに轟音を鳴り響かせ、白い煙を高く舞い上げながら火薬が爆発した。そこから数百メートルも離れてカメラを構えていたぼくだが、爆音で腹が震えるのを感じた。

バレーボールをする訓練生達。一番リラックスできる時間帯だ

昼食をとる訓練生達。アフガンでは手で食事をする

茶色の山肌が広がるバグラム郡の郊外。この日は、地雷だけでなく不発弾（ＵＸＯ：Unexploded ordnance）の爆破処理訓練も行われていた。理科の実験で使用する三脚台のようなものを地雷に触れぬように被せる。導火線でつながったスイッチボタンを押すと、三脚台の上に置かれた起爆装置が真下に火を噴き、地雷は爆破処理される。もちろん本物の地雷ではなく、訓練用の火薬が爆破されたわけだが、その轟音は山々に轟きわたり、爆発の脅威をまざまざと実感させられた。

地雷には、対人地雷と対戦車地雷の二つがある。対人地雷は人の体重がかかれば爆発し、足や身体の一部を吹き飛ばすだけの能力をもっている。しかし、完全に殺すだけの能力は意図的にもたせていない。死亡してしまった兵士ならもう助ける必要はないが、負傷しただけならその兵士を補助する兵士が必要となり、最低でも二人の兵士を戦線から離脱させることができる。そのうえ、治療のための費用も必要となるため経済的な打撃も与えることが可能となる。

一方、対戦車地雷は戦車や重機、車両などを破壊するためのものであるため、人の体重では爆発しない。重機の機動力を奪うその破壊力は凄まじい。自動車が誤って対戦車地雷を踏み、そばにいる人々まで巻き込んでしまうという悲惨な事故が後を絶たない。このほか、不発弾や、中から大量の鉄球が飛び出すという攻撃範囲の広い対人地雷クレイモア（指向性散弾地雷）などもあり、訓練生は幅広い専門知識を学んでいる。

世界各地の紛争地で大量の地雷が使われている理由の一つが、生産コストの安さである。安価なものだと、一つわずか数百円で製造が可能だ。また、地雷によっては上空からの散布設置も可能で、前線へ兵士を派遣するよりも簡単に敵を威嚇することができる。

地雷除去の現場では、バイザー（前部に透明なアクリル板のついたヘルメット）と、ひざ下までをカバーする防護服が必須となる。もちろん、ぼくも着用しているが、これが重いうえにかさばって動きにくい。冬場はまだしも、真夏の太陽の下での作業は想像を絶するものとなる。暑さに耐えられずバイザー前部のアクリル板を上げて作業をし、重大な事故につながってしまったという除去員も数多くいる。では、防護服が鉄壁かというとそうでもない。

「私が歩いた場所から絶対に外れないで。写真を撮るときも、前や後ろに踏み出したりせず、必ずその場から撮影するように」

地雷原を教官たちと調査していたとき、ある教官がぼくにこう忠告した。もちろん、防護服を着ていた。

「この防護服、実際どのくらいの効果があるんですか？」と教官に尋ねると、「目の前で対人地雷が爆発しても、まあ死ぬことはないでしょう。でも、肋骨ぐらいは覚悟してください。命は守れますよ。ちょっと試してみますか」と、ジョークを交えての返事をもらった。肋骨も折りたくないし、試したくもないので、丁重にお断りした。

「地雷除去の仕事は怖くないの？」と訓練生に尋ねてみると、「教官はとてもよく教えてくれるし、訓練を通してたくさんの経験を得た。たしかに危険はともなうが、自信はある」とアマヌラさんが答えてくれた。

彼は北部の都市マザリシャリフ（Mazari Sharif）に家族を残し、訓練に参加していた。収入のないアマヌラさんの家族を、現在は息子が支えている。この仕事を得ることで、息子の負担を減らしたいと強く願っていた。

屈強な訓練生のなかに、ニキビが残る若々しい青年が一人混じっていた。最年少というエマルさん。避難民としてイランに疎開していたが、アメリカ軍による軍事進攻がはじまると同時に帰国し、ムジャヒディンゲリラに入隊した。タリバン政権が瓦解し、争いのない暮らしに戻ろうと思ったが、祖国は地雷やＵＸＯでまともに暮らせるような状況ではなかった。

「地雷を一つ取り除くごとにこの国がよくなっていく。この国は、少しずつだけどよくなってきています。これからは、自分たちの

プロテクターとバイザーを着用して訓練を行う訓練生達

火薬と信管を抜いた地雷を持ち、訓練生に説明する教官

力でもっとよくしていかなければなりません」と言うエマルさん、除去員として、アフガン人として、自らに課せられた責務を必死に全うしようとしていた。

再訪バーミヤン

カブールでの取材を終えて、再度バーミヤンに行くことにした。またまた「今度の俺は違うぜ！」と気合を入れて、飛行機のチケットをゲット。今度こそは無事に到着できますようにと強くお祈りしながら乗ったものの、これがとんでもないフライトとなった。

最大積載人数六名ほどのセスナ機に、この日に乗った乗客はわずか二名。バーミヤン上空に差しかかり、着陸態勢に入った飛行機が高度を下げていったのだが、空港の滑走路に何やら土山が盛られているのが肉眼ではっきりと見える。しかし、機体は進路を変更することなく、真っすぐに下降していった。飛行機が苦手なうえに高所恐怖症のぼく、なかでも着陸がもっとも怖い。

地面ギリギリまで機体を下げたかと思うと、土山の目の前で急

修了式に整列する多くの訓練生が、この日正式に地雷除去員となった

地雷処理の訓練にて。模擬火薬を爆発させると大きな煙が上った

上昇をした。いわゆる「タッチ&ゴー」というやつだ。パイロットのすぐうしろの席で見ていたぼくは、絶対に土山に突っ込むにちがいないと思い、意識は遠のき、白目をむいた（たぶん）。

二度目は土山を避けて無事に着陸したのだが、パイロットはなぜ乗客にアナウンスしなかったのだろうか？　ただ楽しんでいただけ、のような気がしてならない……。

四年ぶりのバーミヤン、相変わらず美しい自然に包まれ、人々は自然とともに生きていた。しかし、自然の美しさとは対照的に、村の至る所に赤く塗られた石が置かれていたのが印象的だった。ここに住む人々も、地雷の恐怖とともに生きている。

そんな危険地を歩き、学校に通う子どもたちがいる。前回も訪問した小学校を訪れた。テン

牛の世話をする少年。多くの子ども達が家の手伝いをしていた

授業を受ける女の子達

地雷除去作業が行われ、土地の安全が確認された。子ども達の遊び場が増えた

バーミヤンに暮らす多くはシーア派の人達。シーア派の宗教儀式アーシューラーは、自らの身体を痛めつけ、指導者フサインの死を悼む

トの教室はなくなっているが、たしかに同じ校舎である。校長先生は、ぼくが以前にも来たことがあると言うと喜んでくれ、授業を見学させてくれた。

以前よりも生徒数が増えている。途上国では、子どもを通学させない親が少なくない。「どうせ農業を継がせるのだから」と諦めてしまったり、自分も教育を受けていなかったりするからだ。そんな現状を変えるために海外のNGOが啓蒙活動を続けたおかげで、これまで教育の必要性に懐疑的だった大人が子どもを学校に通わせるようになった。そして、これまで疎開していた子どもたちがバーミヤンに戻ってきたため、学校はたくさんの生徒で賑わっていた。

アフガニスタンは現在も変わり続けている。戦後、多くの子どもたちが学校に通いはじめたが、最近では「ニュータリバン」と呼ばれる保守的な勢力が台頭してきており、男尊女卑の思想に基づいて女子への教育を否定し、女子学生を狙った事件も起きている。ニュータリバンの圧力は地方の村にも影響を及ぼしており、女の子の学校を閉鎖してしまった村もある。

アメリカ軍の軍事作戦はあまり効果がなく、かえって反対勢力を刺激しているととらえる向きもある。オバマ大統領は、二〇一四年五月二七日、二〇一六年末に軍を完全撤退させると表明したが、その後、アフガンが新たな混沌の渦に飲み込まれてしまう可能性は低くない。これまで積み上げてきた平和と自由が、泡となって消え去らないことを祈るばかりである。

4 ジャングルの地雷原

「ヘビが出るから気を付けてください。とくに、緑色のヘビは猛毒をもっていて、噛まれたら死にますから近づかないほうがいいですよ」

夜、トイレに行こうと思って部屋を出たときだった。宿泊させてもらっていた日本のNGO「日本地雷処理を支援する会（JMAS）」のスタッフが、こんな恐ろしいことをあっさりと言った。一瞬、朝まで我慢しようかとも思ったが、上も下ももよおしはじめてきており、とても我慢できそうにない。トイレは母屋から数メートル離れている。ヘビは頭上に延びる木の枝にぶら下がり、通りかかる者を目がけて落ちてくるというから恐ろしい。

母屋の扉を開けると、真っ暗な闇が広がっていた。懐中電灯を取り出して、木の枝一本一本に光をあて、ニョロニョロした生き物の姿を探した。地面を這い回っている可能性もあるから、足元も照らした。「頭上クリア！　足元クリア！」そして、ゆっくりと進んでいった。

いつ、あのヌルヌルした凶悪な生物に襲われるのかと思うと、生きた心地がしない。強靭な触手で首を絞められ、内臓に卵を産みつけられてしまうのだ。そのうち、そいつはぼくの腹を突き破って誕生すると、ほかのクルー（映画『エイリアン』の仲間たち）も襲いはじめる………。

恐怖のあまり『エイリアン』の世界に没入してしまったが、何とか無事にトイレに辿り着いた。「もう大丈夫だ」と、ひと息ついてズボンを下ろし、腰をかがめたそのときだった。

「バシッ！」

お尻に何かが体当たりしてきた。「おぉー！」ぼくは思わず叫び、腰を浮かした。まさかの奇襲攻撃、緊張感が一気に最大値まで上昇した。いったい何なんだ！

慌ててズボンを引っ張り上げ、懐中電灯をその物体に向けた。光の先では、大人の拳ほどもある茶色のカエルが、臆病なぼくをあざ笑うかのようにゲロゲロと喉を膨らませている。

トイレの横には大きな水瓶が置かれていた。使用後に便器を流すための水だが、このカエルはこの水瓶に棲みついているのだろう。「おいおい勘弁してくれよ」完全無防備、手も足も出ない状態のぼくを攻撃するなんてひどいじゃないか。カンボジアのジャングルは、自称「千葉のシティボーイ」を刺激的な挨拶で迎えてくれた。

バッタンバン州にある地雷の村へ

二〇〇八年一月、バンコクからカンボジアの国境を越える長距離バスに飛び乗った。長距離バスといっても乗客のほとんどが観光客で、「川下りに行ってみよう」、「どこどこのレストランが美味しいそうよ」などと、キャピキャピの賑やかな声が聞こえてくる。そんななか、同乗していた旅行者から借りたガイドブックを読んだぼくは、一人青ざめていた。

「カンボジアの地方部では、時折、武装強盗団が出没し、旅行者から金品を奪います。命を落とす可能性もあるので絶対に抵抗しないようにしましょう」

心ない、機械的な注意書きである。こんな書き方をしたら、むやみに読者をビビらせるだけではないか。せめて、次のように書けないものだろうか。

「こんなことを書くのは本当に忍びないのですが、本当に本当にその可能性は小さいんですけど、もしかして、もしかしたら、ちょっとした武器を携えた団体さんが地方では現れるかもしれません。もっとも、その可能性は極めてわずかで、ほとんど起きません。でも、念のためです。何といっても、お金と健康は大切ですからね。ほんの少しだけ、心のどこかに留めておいてくださいませんか」

このように、もうちょっとオブラートに包んでほしいと思うのはぼくだけだろうか。何しろ、これから向かう先はまさにその地方部。田舎の「ど真ん中」と呼べる場所に、たった一人で行くのだから。

世界的に有名な世界遺産アンコールワット寺院のあるシェムリアップ（Siem Reap）で一泊したのち、翌朝、遺跡には目もくれず、武装強盗団が出没しないことを祈りながら国内の移動バスに飛び乗った。シェムリアップまで足を運んでおきながら、アンコールワットを見ない外国人はそうはいないだろう。ちなみに、このあとぼくは何度もシェムリアップに足を運んでいるが、いまだにアンコールワットを見たことがない。

約五時間後、強盗団に襲われることもなく、カンボジア西部のバッタンバン（Battambang）州に到着した。バッタンバンは首都プノンペン（Phnom Pehn）に次ぐ第二の都市として、またコメの産地としても有名だが、内戦時代、「ポル・ポト派」と呼ばれる武装組織が拠点としたことでも知られている。

ここで、事前に連絡しておいたＪＭＡＳのスタッフと合流した。ミャンマーの難民キャンプへの訪問が長引いて約束の日から大幅に遅れたが、彼らは快く迎え入れてくれた。彼らと一緒なら、武装強盗団に襲われる心配も

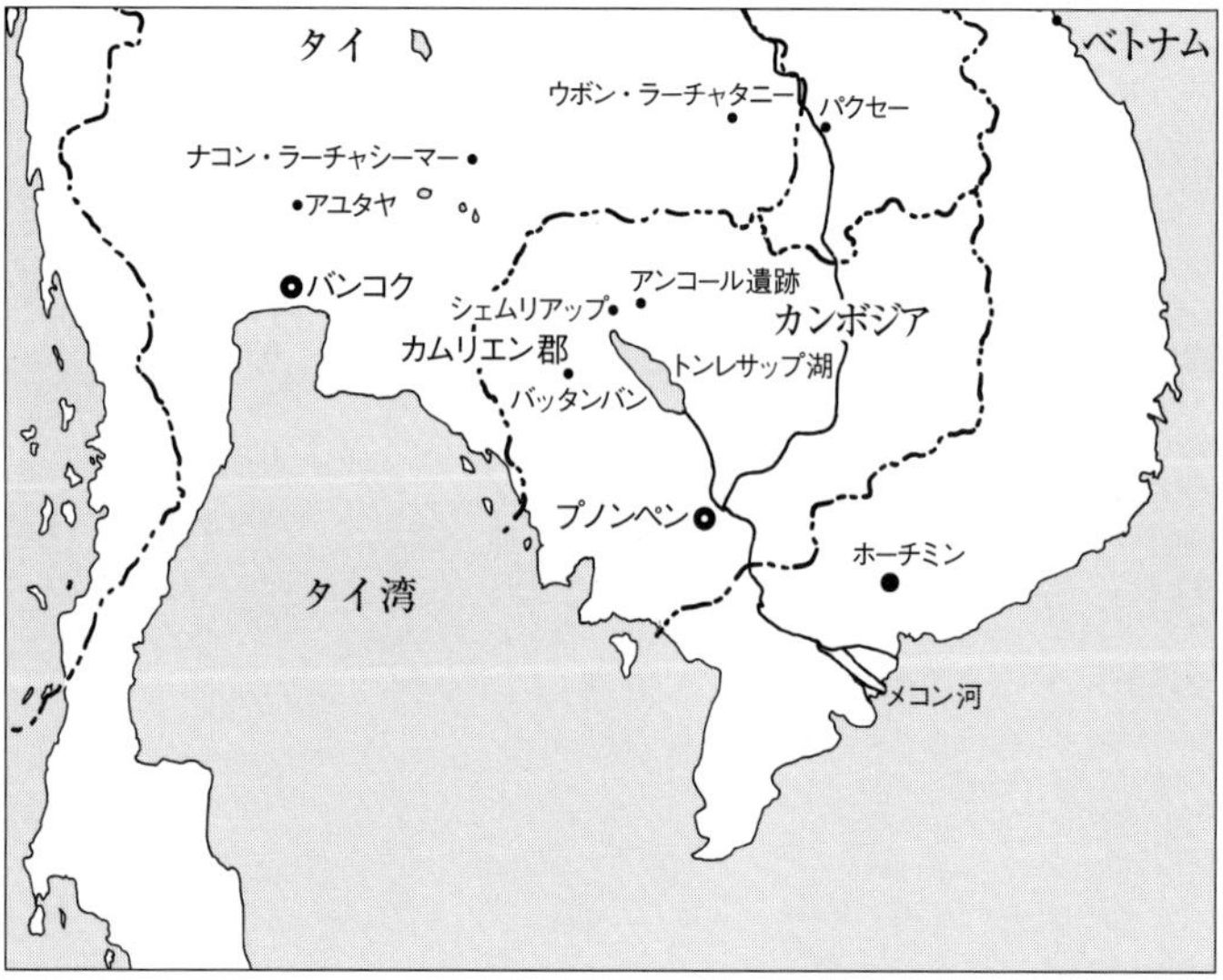

なさそうだ。

ＪＭＡＳは、日本で唯一、地雷除去を専門に行うＮＧＯである。カンボジアだけでなくアフガニスタンやラオス、アンゴラなどでも活動している。ぼくはカンボジアの地雷除去活動や被害状況、そしてこの国の人々の生活を取材するため東京の事務所に連絡を入れ、同行する許可を得ていた。

翌日、ＪＭＡＳの日本人スタッフや現地スタッフとともにタイとの国境にあるカムリエン（Kamrieng）郡に移動することになった。途中の道はほとんど舗装されておらず、赤茶色の土が肌をあらわにしている。実はこの土が厄介で、水はけが非常に悪く、雨が降ると水たまりだらけになってしまう。その上を車が走ると数十センチもの深さの轍が残され、乾燥するとその状態のまま固まってしまうから道はデコボコ状態となる。

カンボジアは、周辺諸国のなかでも道路整備がもっとも遅れているらしい。移動しはじめたときは体勢を安定させるのもひと苦労で、頭をぶつけたり、舌を噛みそうになったりしたが、徐々に身体が慣れはじめ、力を抜く方法が分かりだすと眠くなってきた。ウトウトしているうちに目的地に到着した。

カムリエン郡は森に囲まれたのどかな所で、井戸のある木造家屋が建ち並んでいる。舗装された道路が少ないこの辺りは発展から取り残されており、スーパーマーケットなども一軒もない。

もちろんコンビニもないため、必要なモノは小さな商店で購入するか、近所の住民に分けてもらうことになる。それでも手に入らないものは、車に乗って最寄りの街まで出掛けなければならない。

物質的には豊かとは言えないが、ゆっくりと時間がすぎてゆく平和な雰囲気が感じられる所である。しかし本当は、未開拓地に一歩足を踏み入れただけで地雷が爆発しかねない危険地帯なのだ。

野生の生き物に囲まれて

カムリエン郡に到着してからの数日間、ＪＭＡＳの宿舎に泊まり込んだ。伝統的な木造の高床式住居で、通気がよく過ごしやすい。ただ、畑と鬱蒼とした森に囲まれているのでたくさんの生き物が出没する。

宿舎で休んでいると、突然、背中に何かがぶつかった。めちゃくちゃドキドキしたが、地雷除去を行う屈強な男性の前

カンボジアの代表的な高床式建築に暮らす住人

で慌てふためくのはみっともない。「スミマセン……。ぼくの背中に何かがいるような気がするのですが……」と、あくまでも平静を装って尋ねた。

子どものころに『ファーブル昆虫記』を読んで、ぼくは虫たちの世界に魅了された。毎年、山形の片田舎にある母方の実家を訪れ、網と虫籠を持って昆虫採集に明け暮れるという夏休みを過ごしていた。人間の友達は少なかったが、昆虫の友達はたくさんいた。

そんなぼくの背中に、見たこともない大きさのカミキリムシが乗っかってきた。とにかく大きい。こいつを日本のペットショップに持っていったら高く売れるはず……などと虫がいいことを、虫を愛するぼくが考えるわけがない（つまらないシャレなので、どうか虫して）。

カムリエン郡はさすが米どころ、夕食時、器には白く輝くご飯が盛られていた。おかずは何だろう？　隣の皿に山盛りになっているのはコオロギだった。えっコオロギ！　と一瞬目を疑った。大きさ四センチほどの、紛れもない昆虫である。日本にも、信州を中心にイナゴを食べる習慣があるが、こんなに大量のコオロギを、それもご飯のおかずにするなんて……。

大切な友達である虫たちに明日から顔向けできない、と思ったが、郷に入れば郷に従えというから、早速食べてみた。ふりかけのようにご飯の上にかけ、まずは一匹を口の中にパクリ。

「ん〜、パリパリしている。香辛料が効いていてちょっとピリピリ」

なんて、上品にレポートしている場合ではない。味は悪くないが、脚が堅くて少し食べにくい。ご飯のおかずというよりは、ビールのつまみに合いそうだ。やっぱり、日本人にはイナゴの佃煮のほうが食べやすいのかもしれない。

夜になると、屋根裏をバタバタバタと大トカゲが駆け回り、森からは動物たちの不気味な鳴き声が聞こえてきた。夜行性の生き物が活動をはじめたようだ。あまりにも騒々しいので、なかなか寝付けなかった。ジャングルの夜は、想像以上にエキサイティング！

恐怖の地雷原

「一人では歩かないように。除去員の作業中は、必要以上に近づかないで」

こうように厳重に注意され、早朝、地雷原まで同行した。現場には、すでに地雷除去員が集まっていた。取材をさせてもらったのは女性ばかりの十数名のチームで、十代後半から四十代までと年齢層が幅広い。茶色のズボンに水色のジャケットを着た彼女たちは、厳しいトレーニングを受けた優秀な兵士のようにも見えた。

実際、地雷除去には体力だけでなく武器の知識も必要とされるため、軍隊経験者が多い。男性の活躍が目立つ地雷除去だが、カンボジアでは多くの女性が参加している。ＪＭＡＳはカンボジア人女性の能力の高さに注目し、女性を訓練してチームを編成している。ちなみに、男女混合の地雷除去チームは存在しないそうだ。異性が近くにいると集中力が乱れるというのが、その理由らしい。

二人一組のペアとなり、幅一・五メートル、奥行き四〇センチの区画ごとに地雷やＵＸＯ（不発弾）を探していく。まず一人が大きなカッターで草や枝を取り除き、金属探知機で地中の金属を探る。金属反応がなければ前に進み、反応があれば専用の金属棒を使ってゆっくりと地中を探り、その正体を確かめる。その金属棒は絶対に縦には差し入れない。地雷の雷管が刺激され、爆発するかもしれないからだ。

刺激を与えないように、斜めの角度で地面に少しずつ差し込んでいく。何度も何度も慎重に金属棒を差し込み、探索範囲を広げていく。金属反応があっても、見つかるのは大抵ただの金属片で、それらをいくつもいくつも取り除いていく。地雷を除去し、人々が生活できる場所に変えていくわけだから、どんな小さな不安だって取り除かなければならない。

もし、地雷が発見されたら赤いロープで囲み、「どくろ印」を付けて注意を喚起する。専用の誘発器を取り付けたら爆発処理をして完了となる。バッタンバンは、武装強盗団が出没しなかったとしても、極めて恐ろしい所なのである。

こうした作業を炎天下で続けていく。彼女たちと同様、ぼくもプロテクター（防護服）とバイザー（防護マスク）で完全防備をして取材をしたが、重いだけでなく風通しが悪いから、すぐに汗びっしょりになる。ひと昔前の防護服は鉄が入っていたという。今のものはずっと軽量化されているというのだが、こんな装備を着けたまま一日約四時間の除去作業を、集中力を切らすことなく行っていく。

二年前に行ったアフガニスタンでの地雷取材よりはるかに大変だった。アフガンは乾燥が激しく、草木も多くはない。一方、カンボジアは雨が多く、地面がぬかるんでいるうえに草木が多い。時折、豪雨が大地を池に変え、埋められていた地雷までも押し流してしまう。すでに安全確認が行われた歩道に地雷が移動してしまう可能性もあるから、本当に厄介だ。

高温多湿の気候が除去員へ与える負担も大きい。蚊の大群が発生し、草むらからヘビが顔を出す。こんな厳しい環境のもと、除去員たちは

(左) 巨大な音を立てて地雷が爆破処理された
(右) 見つかった地雷と危険を知らせるドクロの目印

深い森を切り開いて作業を行う

汗みどろになって作業をしている。

このような努力があってこそ土地の安全が確保され、村人が生活する空間に生まれ変わっていくのだ。ちなみに、数メートルにも及ぶ大蛇が見つかったとき、みんなで捕まえて焼いて食べてしまったそうだから、彼女たちは逞しい。

さまざまな危険がともなう厳しいジャングルで働くわけだから、時には死すら覚悟しなければならない。それでも、除去員になりたがる村人が多い。村の農業従事者の平均月収が約四〇〇〇円なのに対し、除去員には約七〇〇〇円（二〇〇八年当時）もの賃金が支払われているからだ。

都市から遠く離れ、経済的にも決して恵まれているとは言えないこの土地で、農業以外の仕事を見つけるのは容易なことではない。能力とやる気をもつ人なら、多少の危険がともなおうとも除去員として働く機会を求めている。

もっとも、除去員になるためには、金銭的な動機以上の強い志をもっていなければならない。「村から地雷がなくなれ

雨が降り、泥だらけになってしまった道。車のタイヤがはまってしまうことも多い

この地域で発見された地雷や不発弾。火薬と信管は取り除かれている

ば、怪我をする人もいなくなる。だから、自分の仕事を誇りに思っている」と話すのは、父を亡くし、母親と五人の兄弟を支えるために除去員となったロン・シヌンさん、一九歳だ。厳しい訓練や試験を突破して除去員となり、村のため、家族のために汗を流している。

カンボジアの内戦

カンボジアに埋設されている地雷は、およそ四〇〇〇万から六〇〇〇万個と推測されている。被害者は多く、年間八〇〇人もの人々が犠牲になっている。

カンボジアは、アメリカとソ連による東西冷戦の影響を強く受けてきた国である。中国の毛沢東主義を掲げるポル・ポト(4)が、フランスからの独立を達成した前国家元首のシアヌーク(5)と協力し、アメリカが支持するロン・ノル将軍(6)をプノンペンから追い出したのが一九七五年である。

ポル・ポトは、自らが率いるクメール・ルージュ(Khmer

この川を渡ればタイ領。国境線には多くの地雷が埋められた

Rouge・赤いクメール人）を中心としたカンプチア民族統一戦線を結成し、国の実権を握ると、急進的な共産主義政策を推し進めた。人々を農村へ強制移住させ、市場経済・通貨制度を廃止して私財を没収し、宗教活動も禁じて人々の自由を奪った。反抗した人間は徹底的に粛清し、三〇〇万人にも及ぶカンボジア人を虐殺したと言われている。ポル・ポトが推し進めた集団農場での過酷な強制労働や虐殺などを描いたイギリス映画『キリングフィールド』（一九八四年）を観た人もいるだろう。

一九七八年、ベトナム軍がカンボジアに侵攻し、翌年の一九七九年にポル・ポトのプノンペンは陥落した。そして、ポル・ポトはカンボジア西部へと撤退した。ベトナムの支援を受けた人民革命評議会議長ヘン・サムリン(7)がカンプチア人民共和国（People's Republic of Kampuchea）を樹立するも、反発する勢力がゲリラ活動を続けて内紛は泥沼化していった。内戦が終結したのは、一九八〇年代後半、紛争当事者が参加した和平交渉や国連主導の選挙が行われてからのことである。

現在では、諸外国の資本が注入されたこともあり、産業発展がめざましい。しかし、今でもバッタンバン州の人々は、ポル・ポトが「完全な兵士」と称賛して埋設した膨大な数の地雷におびえながら暮らしている。

素顔は可愛い女の子

　極度な集中のなかで地雷を探し、生死の境を歩む除去員たちだが、作業が終わって家庭に戻れば、流行りのファッションや芸能についておしゃべりを楽しむ普通の女性である。とくにこの日は、日本から素敵なフォトジャーナリストがやって来たとあって、誰もがはしゃいでいた。

　バイザーをはずして顔を見せ、「どなたか、ぼくをみなさんの自宅に招待してくださいませんか」と紳士的に問うと、「キャー」という黄色い歓声が上がった。「ウギャー」という悲鳴のように

（4）本名サロット・サル（Saloth Sar・一九二八～一九八八）カンボジア共産党クメール・ルージュの指導者。過激な共産主義思想のもと私有財産を禁じ、都市部の人々を地方都市へと強制移住させ、過酷な労働を強いた。
（5）（Norodom Sihanouk・一九二二～二〇一二）カンボジア国王、政治家。
（6）（Lon Nol・一九一三～一九八五）カンボジアの政治家、軍人。カンボジア王国国防相、首相、クメール共和国首相（初代）大統領を歴任。
（7）（Heng Samrin・一九三四～）クメールルージュと敵対し、親ベトナム政権を樹立。和平後の二〇〇六年、国民議会（下院）議長に就任した。

地雷除去員達も家に帰れば家族がいて、普通の女性に戻る

金属探知機を運ぶ地雷除去員の女性。休憩の時には爽やかな笑顔を見せた

も聞こえたが、たぶんそれは気のせいであろう。

　その日の夕方、笑顔がキュートなヒエン・チョムナックさん（二四歳）の家にお邪魔した。彼女を選んだのは、可愛い彼女とぜひ仲良くなりたいという下心があったからではない。チョムナックさんは一児の母、一人で子どもを育てているという。子どもを抱えながら危険のともなう仕事に就くという強さ、でもきっと不安もあるはずだ。ぜひ、彼女たちの心の中をのぞかせてほしいと思った。

　ヒエンさんは家に戻るや否や、愛娘を優しく抱き上げた。その表情は、地雷除去の現場では見られない柔らかいものだった。

「子どもが大きくなるころには、ここから地雷がなくなっているようにしたいわ」と笑顔で語る彼女の欲しいものは、愛する家族と暮らせる

お気に入りの服を着た地雷除去員の少女

自分の家。今は実家の家族と暮らしているが、いずれ独立することを目標にしている。

「いつか、ここから地雷がなくなったら、畑を耕やしてのんびり暮らしたいわ」というささやかな希望を抱き、危険な地雷原へ毎日のように足を運んでいる。

ヒエンさんの家族には、もう一人除去員がいる。妹のスレイナイさん（二〇歳）だ。給料の半分は父親にわたすという彼女の趣味は、服を買うこと。普段着に着替えた彼女に家の中を案内してもらった。

壁には、大好きな俳優のポスターが飾られている。そばに置かれた箪笥《たんす》には、お気に入りの洋服が詰まっているそうだ。命がけで働いて、可愛い服を買う。時には、それを着てボーイフレンドと遊びに出掛けるのだろう。日本では想像もつかない生活をする彼女たちも、やっぱり普通の女の子なんだなと、何だかほほ笑ましく思えた。

第2章

震　災

崩壊した教会。いつ崩れるか分からないため、中には入れない

1 最貧国ハイチを襲った巨大地震

国境の長い渋滞を抜けると、樹木の消え失せた殺風景な山が視界に飛び込んできた。ひと昔前、この辺りは緑に覆われた風光明媚な土地だったというが、乱伐がたたり、景色が変わってしまったようだ。禿げた山から吹き下りてくる風が砂塵を舞い上がらせ、ぼくを乗せたレンジローバー（イギリス製の四輪駆動車）の視界を遮った。

二〇一〇年一月一二日、カリブ海に浮かぶ島国ハイチ共和国（Republic of Haiti）をマグニチュード7の巨大地震が襲った。日本でうだつの上がらない生活をしていたぼくに、日本のＮＧＯ「難民を助ける会（AAR Japan）[1]」（以下、ＡＡＲ）の大西清人さんから「一緒に行かないか」と電話がかかってきた。

大西さんとは長い付き合いになる。二〇〇六年、アフガンに行くためにパキスタンにいたぼくは、雪で飛行機が飛ばなかったため途方に暮れていた。そんなぼくを遠目で見ていたのが大西さんだった（五七ページ参照）。彼はぼくのことを、「怪しい東洋人がいると判断し、声をかけなかった」と後日言っていた。ある意味正しい判断ではあるが、でも寂しすぎる。

その後、先輩にカブールで紹介されたのが大西さんだった。大西さんは一〇歳以上も年上の先輩だが、杯を傾けて、気味悪いおやじの友情を高めあうことのできる数少ない友人である。酔っぱらうといつも同じことを話す人で、つい先日話したばかりの話をさも今思いついたように話すから同席した人たちは困り果て、「大西さん、それ、前に聞きました！」と突っ込みを入れるのがぼくの仕事となっている。

そんな大西さんだが、実はインドの最高学府デリー大学で哲学を学んだという賢人であり、世界中で緊急支援を行ってきた人道支援のプロフェッショナルでもある。

一月二六日、大西さんとフィリピンでお世話になった五十嵐豪さん、そして長年ハイチで働いていたアイルランド人のデスモンドとともに、ハイチの隣国ドミニカ共和国（Dominican Republic）にぼくは飛んだ。翌日、ドミニカでアシスタントのハイチ人エディと合流し、二八日

（1）（Association for Aid and Relief,Japan）品川区上大崎2-12-2　ミズホビル7F　TEL：03-5423-4511

にはぼくとデスモンド、エディは陸路でハイチの首都ポルトープランス（Port au Prince）に向かった。

数時間後、国境に到着。ハイチに支援物資を運ぶトラックや、被災地からドミニカ側へ逃れてきた人々でごった返し、出入国審査室はすし詰め状態だった。地震が起きる前から公務員の怠慢による行政の非効率性が指摘されていたハイチだが、震災後にはそれがさらに悪化していた。

自国が緊急事態にあるにもかかわらず、入国審査官は賄賂を要求してきた。さっさと話をつけて先を急ぎたい気持ちはあるが、正直に支払うのも馬鹿馬鹿しい。少し様子をうかがっていると、極限まで高まった混乱状態のなか、パスポートチェックがきちんと行われていない。入国審査など無視して、そのままスタスタ行ってしまえばよいのだ。

正直者が馬鹿を見るというが、ここではまさにその通りのことが行われている。ぼくたちは黙って国境を越え、先を急ぐことにした。

ドミニカから国境に向かう限りない直線道路

数世紀にわたる混迷

一八〇四年、宗主国フランスからの独立を勝ち取り、世界で初めて黒人による共和国を樹立したハイチだが、決して明るい未来が待ち受けていたわけではない。フランスには莫大な賠償金を支払う羽目になり、財政は逼迫、国民は重い税金に苦しむことになった。

一八八四年には、スペイン系の国民が重税に耐えかねて反乱を起こし、島の東側を占領してドミニカ共和国を設立し、国は分断してしまった。諸外国からの干渉にも悩まされ、一九一五年にはアメリカ軍の上陸を許し、実質的にアメリカの支配下に置かれてしまった。

アメリカ軍はハイチ軍を援助し、ハイチを軍事国家に変えた。一九三四年にアメリカ軍は撤退し、民主化が少しずつ進んでいったが、ハイチ軍は政治のなかでも大きな影響力を維持し続けた。選挙で大統領が選ばれても、軍の意に沿わなければクーデターを起こし、政権を転覆させてしまうのだ。

何世紀にもわたって国情が安定しなかったハイチ。言うまでもなく、教育と医療の水準は低く、一五歳以上の識字率は六二パーセント、ＨＩＶやコレラなどが蔓延し、平均寿命は六一歳と、アメリカ大陸で最低となってしまった。

死者三〇万人の大地震

首都ポルトープランスには、国境からおよそ二時間で到着した。街を走っていると、一階部分が押し潰されてしまった家や、完全に倒壊してしまったビルがあらゆる場所で見られた。人々は瓦礫を取り除こうと懸命に努力しているが、重機は少なく、手作業で行っている。

被災者が住むテントは、公園や空き地だけではなく道路にまで張られており、困難な暮らしぶりが伝わってくる。余震が続くため、家屋が無事だった人々も屋内には入らず、家の前の道路に張ったテントで寝泊まりしているという。

その後のハイチ政府の発表によると、地震による死者は三〇万人を超えたようだ。近年発生した自然災害で、これほど多くの死者を出した例はほかに見られない。その原因はさまざまだが、大きな原因の一つに建築物の構造に問題があったことが挙げられる。

日本の木造建築とは異なり、ハイチではレンガを積み重ねて建造する工法が一般的となっている。レンガ造りの建築物は火事や雨に強く、コストも低く抑えられるから世界中で広く普及している。しかし、重量があるため地震には弱い。正しい技法を守って建築しなければ大惨事を招いてしまうのだ。

強度を上げるためには鉄筋を使用し、十分な量の鉄のワイヤーをレンガと一緒に用いる必要があるが、業者が資材費を浮かせるためにその量を減らしていることが多い。また、ハイチの人々

被害が大きかった街の中心部

瓦礫の除去を試みるも、
重機がないため一向に
はかどらない

被災した人々が暮らすテント

は、家を建てるときにはまず一階だけを造り、資金が貯まれば二階を、そしてさらにその上へと増築していくというのが一般的となっている。一階と二階のデザインが違う家を見かけるのはそのためだが、下から上まで通っている柱がないうえに、上階の重さを計算していないため簡単に崩れてしまう。

緊急時にいち早く対応しなければならない政府の能力が圧倒的に不足していたことも、被害を拡大した要因である。政治家や軍部は不毛な権力争いを続け、無益な政権交代が続き、実のある政策をまったく実行することができなかった。平時から救急隊の養成に力を入れ、有事の際の訓練を行っていれば、どれだけの命が救われたか知れない。

震災に対処できなかった政府は、外国からの支援に頼らざるをえなかった。外国からの支援団体のおかげで多くの人命が救われたのは事実だが、同時に、さまざまな弊害をもたらした。外国の資金が流入して物価が上昇し、復興バブルが生じてしまったのだ。大きな商店には外国人が集中し、市内のホテルは援助関係者や復興事業にかかわるビジネスマンで埋まり、空室がまったくなかった。急激に資本が流入したことで一部の人間に利益が集中し、貧富の格差は広がるという現象が生まれていた。

長く続く支援によって堕落してしまった人々も多い。テントに暮らしているかぎり、最低限の食料と生活必需品は支給してもらえる。もちろん、それは永遠に続くわけではないのだが、「支援があるから働かなくても生きていられる」と楽観視して、職探しを諦めてしまうという。

　このような問題を解決するために、住民自らが復興支援に携わることで賃金が得られる「キャッシュ・フォー・ワーク（Cash for Work）」というプロジェクトも行われていた。たとえば、街の清掃を手伝って賃金を得るというものだが、このような仕事がたくさんあるわけではないから、参加できる被災者はわずかだと聞く。

　街じゅうが被災していたが、とくに中心部にあるマーケット付近は壊滅的な打撃を被っていた。通りには瓦礫が山のように積まれ、埃が舞い、マスクがなければ歩くのも困難な状態であった。高く積み重なる瓦礫の下にはいまだ生き埋めになった人々が残されているようだが、先に述べたとおり、重機が足りないために瓦礫を除去することができない。国力が十分にあり、いち早く救出することができれば助かった命があったと思うと、何ともやりきれない。

　崩れた大統領宮殿前の広場には数千人が避難し、ブルーシートをテント代わりにしていた。エディの通訳で、そこの女性に話を聞いた。

「食料は国連やらアメリカの団体が持ってきてくれるけど、受け取ることが難しい。彼らは支援物資をトラックからばらまくだけなので、いつも力の強い男性に奪われてしまうの」と彼女は言い、女性や子どもには何も残されないのだ、と嘆いた。

　家族四人で避難しているというテントの中に入らせてもらった。三畳ほどの空間に、ベッドが

中米で最も貧しく治安の悪いハイチ。商店からの略奪なども多く見られた

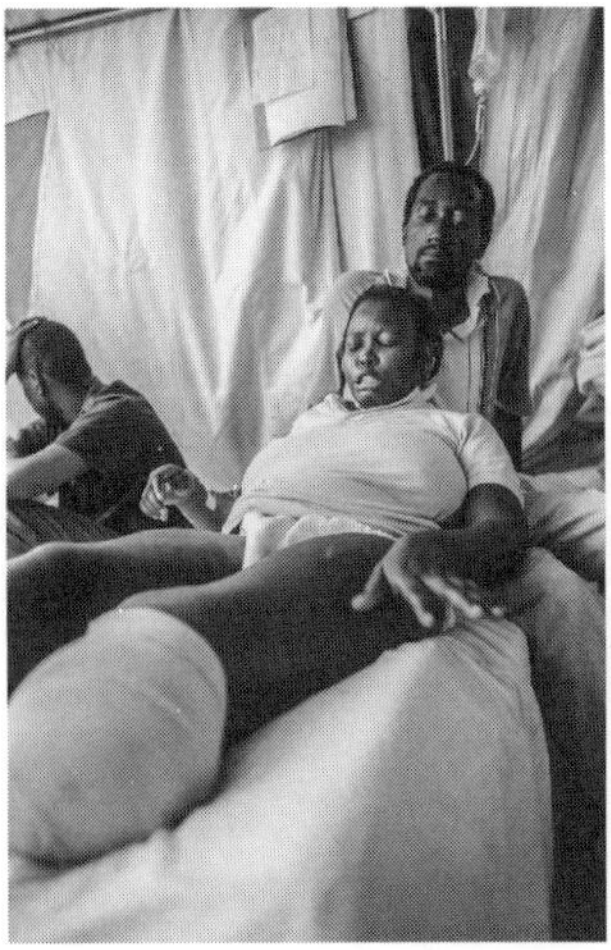

左足を切断してしまった女性。怪我人が多く、簡易テントもびっしり埋まっていた

貧しい人々が暮らす地区は特に大きな被害を受けた。この地区では、ほとんどの家が破壊されていた

一つだけ置かれている。隅には、ヤカンとフライパンがポツンとある。狭すぎるうえにサウナのように暑い。熱帯海洋性気候に属するこの地は、一年を通して蒸し暑い。テントの中にいると熱中症になりそうだ。

避難者たちは、治安の悪化にも悩まされていた。テント生活ではほとんどプライバシーがない。赤の他人が忍び込む可能性もあるから怖くてしょうがないと言う。実際、テントで暮らす子どもが誘拐されるという事件も発生している。

ハイチの治安の悪さはアメリカ大陸でも一、二を争うほどだとは聞いていたが、想像以上にひどかった。麻薬がはびこり、窃盗は日常茶飯、人身売買まである。もっとも治安の悪いスラム街に行ったときは、「外国人が出歩くと誘拐されるから、一人で歩くな！」とエディに忠告され、生きた心地がしなかった。

大統領宮殿の一階部分が消えてしまった

海外取材の心得

どこであれ外国を訪問する場合は、本を読むなり、インターネットで検索して、その国の事情をしっかりと調査しなければばならない。その国の人々を取材するにあたり、事前に彼らの生活ぶりを知っておかないと表面的な写真しか撮れないからだ。彼らの文化を知り、タブーに配慮しながら、彼らの中へ入れてもらって撮影をさせてもらう。これが最低限のマナーである。

しかし、最近は安価で高性能なデジタルカメラが普及したことで誰でもきれいな写真が撮れるから、気軽な気持ちで撮影に出掛けるようになってしまっている。エントリーモデルの一眼レフを首からぶら下げ、旅行雑誌を片手に、片っ端から写真を撮って回るという旅行者をよく目にする。本で見た写真をそのまま真似して写そうとする人もいるから、少し滑稽にも見えてしまう。

興味があるものを一生懸命勉強して、現地でそれに出会

ブルーシートで雨よけを張っただけの避難所。外で暮らしているのと同じ状況である

ったときはとっても嬉しくてつい写真を撮りたくなる。そんなときは、きっと誰にも真似できない自分だけの写真が撮れるはずだ。そんな写真の撮り方を、ぼくはおすすめしたい。

それにしても、ハイチの情報はあまりにも少なかった。事前に得られたのは、豪華クルーズ船に乗って高級ホテルに宿泊し、カリブ海の島々を巡るというツアー案内ぐらいで、ハイチにはちょっと立ち寄る程度のものばかりだった。そんな栄華を極めたツアーに参加する日が、このぼくに訪れるとは思えない……。

ぼくにとって何よりも必要な情報は、安全を確保できる安宿と、下痢の心配をしないで食べられる安価で美味しい現地の食堂マップなのだ。しかし、アメリカ大陸でもっとも治安が悪く、観光にも力を入れていないハイチを旅する人は少ない。だから、ハイチを旅する人のための情報は少ない。

それに震災直後の報道は、当たり前だが、被害を被った街や苦しむ人々のことばかり。ガソリンはあるのか、道は開通しているのか、商店は開いているのかなどといった不明な点が多すぎた。ただ一つ、治安がさらに悪化していることだけは確実なので、臆病なぼくは緊張しっ放しだった。

ホテルの予約ができなかったので、ぼくが宿泊したのはデスモンドの知人でフランス人のビンセントの家である。デスモンドとビンセント、そしてエディはもともと国連の職員としてポルトープランスで働いていた。彼らが久しぶりの再会を楽しんでいるころ、ぼくの体調が崩れてきた。

日本にいたときから風邪気味で、万全ではなかったのだが、身体中の関節がだるく、熱も出てきたようだ。不安を抱えながら混乱した土地に飛び込み、ようやく安心して休めるときが来て、緊張の糸が切れてしまったのだろう。

フリーランスにとって、健康維持は最重要課題となる。「病気で取材できませんでした」、「体調を崩して、現場に行けませんでした」なんていう言い訳はできない。這ってでも現場に行き、撮影しなければ「次の仕事」はもらえないのだ。

とはいえ、ぼくが訪れる場所はおおよそ衛生状態が決してよいとは言えない所ばかりである。マラリアや黄熱病が流行している土地もある。だからぼくは、注射は大嫌いだが、予防接種をすべて受けている。また、普段から泳いだり、筋トレをしたりと、健康には人一倍気をつかっている。それでも、時には熱を出して寝込んでしまう。

異国の地で病気になることほど心細いことはない。ネズ

この空間に家族４人が暮らしている。中は蒸し風呂状態だった

ミが這い回る薄暗い安宿で、スプリングの緩んだベッドに横たわって雨漏りのする天井を見つめていると、「誰にも知られずにこのまま死んじゃうかも……」と心までもが衰弱してくる。看病してくれる人などいるはずもないから、力を振り絞って薬と水を買いに行くしかない。

初めてインドに行ったときはひどかった。熱とひどい下痢に襲われ、薬を買うために外をさまよい歩いていると、水のような便が無意識のうちに流れ出ていた。いよいよ死期が近いのかと不安になったが、まだぼくにはこの世に役割があるらしく、薬を飲んでいたらすっかり治った。そのうち、インドの水道水を飲んでも下痢をしなくなってしまったから、人の身体というものは不思議なものである。

そんな苦労続きの海外での経験から、富山の売薬よろしく、ぼくは数多くの薬を持ち歩くようになった。今では「薬オタク」として周囲から尊敬（軽蔑？）されてもいる。抗生物質から抗マラリア薬まで、何でもありだ。ただときどき、ジャンキー（麻薬中毒）ではないかとの疑いをかけられてしまう。ニューヨークの税関で白い粉薬に目をつけられ、ただの風邪薬なのに必死で弁解する羽目になったこともある。時にはこのような面倒もあるが、自分の命を守るために薬を手放すわけにはいかない。

解熱剤を飲み、大量の水分を摂って休んだ翌日、多少元気を取り戻したぼくの最重要任務は、前日に撮影した写真データを首を長くして待っているAAR広報部に送ることだ。撮影した写真データは、時に、大至急日本に送らなければならない。たとえば、チベットでの難民取材では、オリンピック開催に合わせて写真を掲載する必要があったから、大慌てで写真を送った。もし遅れれば、写真の価値はぐっと下がってしまうのだ。

ハイチで起きた地震の写真も急がなければならない。現状を一刻も早く伝え、幅広く支援を求めなければならないからだ。NGOは、寄付金や助成金がなければ支援物資を購入することも人を雇うこともできない。だから、被災地の写真や声を正確かつ効果的に伝え、きちんと活動報告をすることでさらなる支援を受ける。このようにして、長期にわたる支援へとつなげていかなければならない。

インターネットと電話回線の普及で世界中が身近になった。メールや写真はどこからでも送ることができるし、海外にいるぼくのケータイには日本からいつでも連絡が入る。アフガン国境近くのペシャワールで入国を控えて緊張していたときに、「合コンするけど来ない？」というゆる〜い電話が日本

回収が滞ってしまい、至る所がゴミ山となった

からかかってきたことがある。「行けたら行きます」と答えたぼくの緊張は、真夏のガリガリ君のように一気に溶けてしまった。

今や、都市ならどこでもインターネットが使える。戦後のアフガニスタンの首都カブール、軍事政権下のミャンマー最大都市ヤンゴン、そして経済制裁に苦しむイランのテヘランにもネットカフェがあった。しかし、ここハイチには一軒も見当たらない。ビンセントのコンピュータからも送信できない。何度試しても無理……もしかすると、地震でネット回線も壊れてしまったのだろうか……。

このままでは、ハイチにいる意味がない。結局、ぼくとエディはドミニカ共和国へと車を走らせた。ポルトープランスから国境に戻ると、例のごとく大混乱となっている。我々は入国時と同様に出国審査を無視し、ドミニカ共和国の首都サントドミンゴ（Santo Domingo）に向けて爆走し、夜にはホテルに到着した。そして、ホテルのネット回線を利用して写真を送信した。エディが頑張ってくれたおかげで、何とか任務を完了することができた。

日常に溶け込む兵士たち

ぼくがポルトープランスに行っている間、ドミニカ共和国に残った大西さんと五十嵐さんは現地でアシスタントを雇い、支援物資を買い集めると同時にトラックを手配していた。次は、物資を被災地に運び入れることになる。

数日後、支援物資を満載したトラックを誘導しながらぼくたちは国境に到着した。大量の荷を内緒で持ち込むと密輸という大罪になり、支援に来たにもかかわらず、そのまま鉄格子の中へ入れられてしまうことになる。だから、今度はちゃんと入国スタンプをもらい、物資の輸送申請をしようと入国審査室前で待っていた。

すると、そばに停車していたピックアップトラックの上から「ヘイ！　そこのお前！」と強い口調で呼びかけられた。振り向くと、いかついサングラスを掛けて緑色の迷彩服に身を包み、自動小銃を構えた兵士二人がぼくを睨んでいた。ＰＫＯ（Peacekeeping Operation・国連平和維持活動）に参加し、ハイチに赴任するジャマイカ兵だった。

驚いたぼくは、「な、何ですか？　ぼくは今とっても忙しいのですよ。あ、あとにしてもらえない？」とおどおどして答えると、兵士はぼくのカメラを指さして「写真を撮ってくれよ」と言う。「なんだい。そんなことなら、もうちょっと優しく声をかけてくれよ」とブツブツ言いながらカメラを向けると、兵士はポーズを決め、笑顔を見せた。

クーデターばかりで政治がまったく安定しないハイチでは、治安の維持を図るために、二〇〇四年からブラジル軍を筆頭にしてＰＫＯが展開されていた。だから、自動小銃を持った世界中の兵士が日常生活の場に入り込み、スーパーマーケットで普通に買い物をしたり、カフェで座っておしゃべりをしていたりする。最初は強い違和感を覚えたが、そのうち兵士がそばにいても何も感じなくなるから、自分自身が怖くなってくる。

地震後に参加した日本の自衛隊の姿もあった。目をギラつかせ、いつでも攻撃するチャンスをうかがっているわけでは決してない。もちろん、武器を所持してはいるが、彼らの任務は治安維持ではなくインフラの整備である。

自衛隊が外国の被災地で活動し、地元の人々に感謝されているのを見るととても誇らしくなり、つい応援をしてしまう。軍は軍でも、やっぱり自衛隊は違う存在なのだ。そんな彼らの活躍を、日本では否定する人々もいるから残念でならない。東日本大震災のときには、世界中から軍隊が駆け付けて協力してくれた。だから、自衛隊だってこれからも世界に恩返しをしていかなければならないと考えるのはぼくだけだろうか。

PKO に参加していたジャマイカ兵。陽気な若者であった

警備を行う自衛隊員。大きなトラブルもなくインフラの整備を終え、2013年３月に全員撤収した

AARによる物資配布の様子。チケットを持った被災者だけが敷地内に入れるようにしたため混乱もなく行えた

岡田克也外相（当時）も視察に訪れたポルトープランス。この時、巨額の援助を約束した

完全に崩落してしまった小学校。AARは小学校の校庭を利用して物資の配布を行った

上空から見たポルトープランスの様子。被害者が暮らす白と青のテントが広がっている

ポルトープランスに到着した物資は、ビンセントの知人を介して、被害の大きい地域へ配布されることになった。配布予定地域の各世帯には、事前に引き換えチケットが発行されていた。配布日に、チケット持参者にだけ物資をわたす。こうすれば混乱は避けられ、力の弱い女性にも行きわたる。

その配布日に、撮影やインタビューを行った。物資を受け取った人たちは、「日本の人々に感謝します」とうれしそうに笑顔を見せた。ハイチで支援の最前線に立ち会ったぼくは、被害者に直接貢献する人道支援という活動を身をもって体験したわけである。

と同時に、写真というツールを使用して、社会の弱者に光を当てるという仕事が効果的に生かされることも知った。NGOの広報活動で世間の目がハイチの人々に集まり、さらなる支援を行うことができたのだ。ハイチでの経験をきっかけに、その後のぼくは、支援のための撮影業務を増やしていくことになった。

二〇一二年八月、熱帯性低気圧「アイザック」がハイチを直撃し、新たな被害を生んだ。現在も、五〇万にも上る人々がテント生活を余儀なくされている。同国には、いまだめぼしい産業が育たず、経済復興の見通しは立っていない。ハイチが自立するには、まだまだ時間がかかりそうである。

2 東日本大震災で流した涙（前篇）

二〇一一年三月二〇日夜、支援物資を満載したトヨタハイエースを運転し、ぼくは東北自動車道を北上していた。東北で発生した未曾有の震災後、世界中の人々をうならせる技術力を活かして政府は直ちに東北自動車道を復旧させ、支援車両など限定された車は通行できるようになっていた。

ハイエースの行先は、甚大な津波被害を被った岩手県の大槌町である。ボランティアの調整などを行う盛岡市の社会福祉協議会（社協）の職員から、「連絡が途絶えた大槌町を支援してほしい」という要請がＡＡＲに入り、ぼくに「調査に行ってくれないか」と依頼が来たのだ。ちょうど東北取材の準備を進めていただけに、二つ返事で引き受けた。

当初は調査のみの予定であったが、神奈川県の農家の方から「新鮮な食べ物が不足している東北へミカンを届けてほしい」という申し出であり、ＡＡＲのスタッフ五十嵐豪さんとともにミカンが詰まった大量の箱を運ぶことになった。

これまで海外での取材を主に行ってきたぼくだが、東日本大震災の取材では多くのことを学んだ。要するに、それまではまだまだ未熟者だった、ということである。

東北で気が付いた自分の甘さ

小心者のぼくは、例のごとく、東北に行く前は相当ビビッていた。食料が手に入らなかったらどうしよう。給油できず、車が立ち往生したら凍え死んでしまうかもしれない。何よりも、まったく無名で、どこにも掲載される保証のない写真を撮るために、のこのこと被災地に顔を出して取材などしていいのだろうか――三月一一日以来、そんな悩みを抱えながら悶々と過ごしていた。

震災から数日後、予定されていた商業撮影の仕事も次々とキャンセルになり、ますます暗い気持ちになったぼくの心の中には、将来に対する漠然とした不安が少しずつ増殖しはじめていた。テレビをつけても、東北の辛い状況と公共広告機構のＣＭばかり。余震は止むことなく繰り返され、眠れない夜が続いていた。このころのぼくは少し病んでいたような気がする。心は憂い事ばかりで、ネガティブなことばかりを考えていた。

アメリカの出版社に勤めていたときの先輩、細田雅大さんに喝を入れられたのはそんなときだった。

「これまで散々海外の被災地に土足で踏み込んで迷惑をかけ、現地の被災者のお世話になってきたくせに、今さら何を言っているんだ。こんなときこそ現地に出掛けて、大手のメディアではできない取材をし、事実を伝えるのがお前の仕事だろう！」

まるで、拳で頬を殴られたような気分だった。これで心に溜まっていたモヤモヤが吹っきれ、ようやく東北に行く決心がついた。そして、東北入りの準備に取り掛かりはじめたときにＡＡＲから連絡が入ったのだ。

しかし、被災地に入ってからも戸惑いが尽きることはなかった。どんな取材現場でも、ぼくは被写体となる人とコミュニケーションを取りながら撮影をしている。とっておきのジャパニーズチャーム（魅力）を振りまいて現地の人々と仲良くなり、写真を撮らせてもらうのだ。イスラム色の濃いアフガニスタンや保守的なソマリア難民の女性でさえも、ぼくのスマイルにメロメロになり、心理的な壁が取り除かれ、「好きなだけ撮っていいわよ」と心を開いてくれた。

だが、このスマイル、日本ではまったく通用しない。大きなカメラを二台もぶら下げて慣れ慣れしく近づいていくとかなり奇妙な顔をされ、「なに⁉　この変態」とその目が語ってくる。もちろん、黙って無視されることもたびたびであった。

海外でぼくのチャームが通用する理由はいくつかあるが、もっとも大きな理由は外国人であることだ。外国人だからこそ人々は、「遠く外国から訪れた男がいる。何がしたいのかよく分からんが、はるばる来てくれたのだから歓迎してやろう」と気を配ってくれ、ぼくのスマイルを受け入れてくれるのだ。国を捨て、命からがら逃れてきた難民、震災で家を失った人々、苦しい暮らしを強いられている彼らだが、外国人のぼくが訪れると精いっぱいのおもてなしをしてくれる。

恐らく、カメラを持った外国人が東北に取材に入れば、どんなに厳しい環境に自分が置かれて

瓦礫に囲まれた中で生活をするおばあさん。ぼく達は、今普通に暮らせるということに喜び、そして感謝しなければならないのだろう

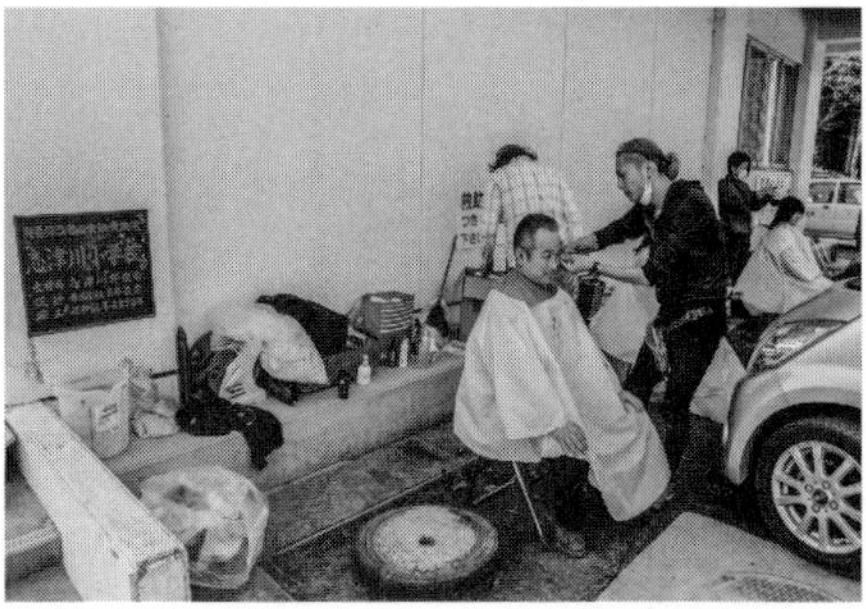

東京から来た美容師さん達。避難所の方々も大変喜んでいた。こうやって直接貢献できることが羨ましくてならなかった

その日の活動を終え駐屯地に帰還する自衛隊員。東北での彼らの存在はすごく大きかった

いようが、人のいい東北の人々は最大限のおもてなしをするだろう。これは、東北の人々は同国民に冷たいという意味ではない。避難所でお茶菓子を振る舞ってくれたおばあちゃん、お土産まで持たせてくれた牡鹿半島の福祉施設長など、あふれんばかりのご厚意に触れてきた。ただ、同じ日本人が微妙な笑顔を浮かべて写真を撮らせてくれと突然近づいても、そこに大きな壁が立ちはだかってしまうことは避けられない。外国人よりも、もっともっと気持ちを通わせられる同国人だからこそ、逆に時間をかけて心を通わせなければならない。

　現地の人々の優しさがあるからこそ、ぼくは海外で取材ができている。言い換えるなら、外国人であることに甘えていたのかもしれない。どんな取材でも、感謝と尊敬の気持ちをもって臨み、決して奢ることなく謙虚に話を聞き、写真を撮らせてもらう。そうでなければよい取材などはとてもできないし、取材をする意味もなくなってしまう。東北の被災地で撮影を何度も断られ、悩みつつ、鈍いぼくはようやく学ぶことができた。

変わり果てた街並み

　東北自動車道には、路面が変形し、盛り上がってしまった箇所もあったが、車の走行に支障を来すほどではなかった。走行車両自体が少なかったこともあり、順調に盛岡市内のビジネスホテルに到着した。ホテルはガテン系（技術職の人々）の男たちで埋まっていた。すでに、復興事業がはじまっていたのだ。

このホテル自体は地震の被害を免れていたが、部屋のシャワーは使用禁止となっていた。先に仙台入りしていたＡＡＲのスタッフは、宿が見つからず、現地の名士が営む居酒屋に一週間も寝泊りしていると聞いていたので、シャワーが使えなくても部屋があるだけ幸運だと言える。

ホテルには、余震でドアが変形して部屋の中に閉じ込められることがないよう、ドアに靴を挟んで開けたまま夜を過ごす客がいた。それを見て、自分の置かれた状況に少しだけ恐怖を覚えはじめたのと同時に、こうした恐怖に常におびえながら、不安定な暮らしを強いられている東北の人たちの気持ちをようやく身にしみて実感することができた。

翌朝、社協のスタッフと合流し、震災で通信手段が失われ、連絡が途絶えている大槌町に向かうことにした。東日本大震災では燃料不足が顕著となり、支援車両でないかぎり給油することは難しい。社協のスタッフもガソリンが手に入らず、大槌町に向かうことすらできなかった。

盛岡から東に進むこと約三時間。山を越えて海岸線に近づくと、とんでもない光景が目に飛び込んできた。建物が破壊され、道路は大量の泥に覆われ、車があちこちでひっくり返っている。車の窓を開けると、ヘドロの匂いがプーンと漂ってきた。

一体、どれほどの力がこの地を襲ったのだろうか。港に、巨大タンカーが乗り上げていた。ひと昔前は鉄鋼業で栄えた岩手県釜石市に入っていた。港のそばの町には、気味の悪い寂寥感《せきりょうかん》が漂い、人の気配があまりない。多くの人で賑わっていた工場の街、釜石が瞬時に廃墟と化したのだ。

信じられない光景を車窓に残したまま、釜石から車で北上すること約三〇分、大槌町に到着した。まずは高台にある防災対策センターを訪れて、情報を収集した。関係者によれば、日本中から必要最小限の物資は届いていると言う。事実、倉庫には荷が積まれていた。そのそばで、支援に駆け付けた自衛隊員が忙しそうに整理を行っていた。

ぼくらが持ち込んだ物資も、ひとまずここに降ろすことに決め、隊員以上に体格がよく、力の有り余っている五十嵐さんと自衛隊員の活躍で大量のミカン箱が降ろされた。生鮮食品が不足していた被災地では、多くの被災者が体調不良を訴えており、ビタミンを多く含むミカンは非常に貴重なものであったから、現地の人々にとても喜んでもらえた。

荷を降ろしてから外に出たのだが、しばらくはその場か

港そばの住宅街はすべて破壊されてしまった釜石市。部活帰りだろうか、子ども達の元気な姿に励まされた

ら動けなくなるほどの光景を目にした。濁流が集中する場所があったのか、何台もの車が一か所に固まり、自然がつくり出した廃車置き場となっていた。道路脇には大量の瓦礫が山と積まれ、街というよりは広大な荒れ地のようであった。来る時は気が付かなかったが、防災対策センターから一望できる大槌町は完全に津波に流され、まったく町の様相をとどめていなかった。

地震による土石流に巻き込まれて消滅したインドネシアの村、台風で水没したフィリピンの町、大地震で破壊されたハイチなど、これまで世界各地の自然災害の爪痕を目にしてきた。しかし、これほど悲惨なものは初めてだった。津波とはこんなに恐ろしいものなのか……怖いとか悲しいとかいう感情を超えて、ぼくの心は目の前に広がる現実を受け止めることができなかった。ただただ、目から涙があふれそうだった。それを隠すように目を閉じて、ぼくは手を合わせた。

目の前に広がる地獄のような世界で、大勢の人たちが家族

大槌町の防災対策センターに流されてきた車

を失い、失意のなかで生きている。そして、幾千もの魂が家族に別れも告げられぬまま涙を流して漂っている。目を開けると、周囲の人々も静かに合掌をしていた。壮絶な悲痛を受け入れるには、まだまだ時間がかかる。

過酷な避難生活

防災対策センターに支援物資を降ろしたあと、ぼくたちは近隣の町を目指した。車を走らせていると、所々で警察による検問所を見かけた。何らかの危険な事態が想定されるのか、それとも治安の悪化を防止するためなのか、停車を命じられた。支援車両を運転していたからよかったものの、普通の車であれば通行できなかった場所もあったと聞く。

日本中の警察官が助っ人として駆り出されていた。瓦礫の山が道を塞ぎ、カーナビがまったく役に立たないため警察官に道を尋ねるが、その土地の人間ではない警察官に分かるわけがなく、申し訳なさそうな顔をしていた。

道路脇に車を停めて周囲を歩いてみた。津波で流される前にはきっとそこに家があったのだろう、瓦礫のなかで何かを探している人たちがいた。じっと立ち尽くすおばあさんが、「ここに私の家があったけれど、もう住むことはできなくなってしまった」と涙をためて語ってくれた。その場を離れず、瓦礫と化した家をじっと見つめている。そのうしろ姿はあまりにも切なく、誰にも見られないようにして、ぼくはまた目を瞑《つぶ》るしかなかった。

車に戻り、何度も迂回を繰り返して、避難所となっている体育館をようやく探しだした。体育館に避難している被災者によると、避難所には支援物資がいくらか届いていて、食料は最低でも一日に一度は配られていると言う。ただその多くは、パン一つであったり、おにぎり一つであったりで、新鮮な野菜や果物、肉は少ない。栄養が偏り、体調を崩す人が多かった。

食料もそうだが、燃料がないのも事態の深刻さに拍車をかけていた。極寒のなか、何時間もガソリンスタンドに並ばねばならない。避難者にそんな余裕はないから、避難所のストーブは燃料が切れたままの状態となっていた。東北の冷え込みは半端ではない。暖房のない避難所で、毛布にくるまって震えている人がなんと多かったことか。

津波による被害を免れた家屋に住む人々は避難所に移っ

瓦礫となってしまった家を前に茫然とするおばあさん。傷を深めるのではないかと心配で、深く話を聞けなかった

ていないため、支援物資を受け取ることができない。自力で食料を確保しなければならないのだが、商店はまだ営業を開始していなかった。避難所での生活も大変だが、家を流されなかった人々も苦しい状況に追い込まれていたのだ。

五十嵐さんとともに、現地で不足している物資や避難所の様子、そして被災地の状況を調べ、写真とともに東京に送った。これらの情報をもとにＡＡＲのスタッフがウェブサイトで現状を報告し、データをまとめ上げて支援計画を練っていった。もちろんこのあとも、ぼくは時に支援物資の配布に同行し、時に自分の車を運転して被災地の撮影に奔走した。

避難所での出会い

大地震から約一か月後、再び被災地に向かった。目指す先は、津波の被害が大きいにもかかわらず報道が十分にさ

遺体を捜索する警察官。自分だったらできるだろうか、彼らの心労も計り知れないぐらいに大きい

れていなかった岩手県山田町である。

山田町でも地域の体育館が避難所となり、多くの人々が厳しい生活を強いられていた。一か月経っても電気や水道は復旧しておらず、体育館での生活は不便極まりないものであった。中に入らせてもらうと、こもった空気が充満しているのが分かる。多少の違いはあれ、避難所の中はどこも同じような強い匂いを発していた。

水は山の中に入った自然の水源からしか手に入らず、量がかぎられているため身体も洗えない。汚れたままの簡易トイレを使用している避難所もあった。多くの人々が共同生活しているのだからやむをえないだろうし、匂いなんて気にしている場合ではないのだろう。命が失われ、家を失い、未来がまったく見えない状況なのだ。ただ、衛生面が整っていない避難所で長く暮らしていくと、心身ともに病むことになるのではないかと不安に思われた。

一枚壁の外は寒い冬。避難所の人々は、「床には毛布一枚を敷いているだけ。夜は凍えるほど寒い」と嘆いていた。また、隣で寝ている人のイビキがうるさいなど抱えている問題は多く、睡眠が十分でないために体調を崩す人も現実にいた。

そんな過酷な状況のなか、一人の少女がぼくを笑顔で迎えてくれた。避難所で暮らす小学二年生のまおちゃん。入り口付近で避難所のリーダーを探してウロウロしているぼくを見つけ、知り合いの男性を紹介してくれたのだ。

体育館の中に入ると、まおちゃんが同じ歳ぐらいの友達と遊んでいた。津波が町を襲ったとき、すぐにまおちゃんは高台に逃れたために助かったが、家は津波に飲み込まれてしまったと言う。全壊は免れたものの、家の中を濁流が押し寄せたため家具はほとんど流され、辛うじて残されたものも泥まみれで使えないとも言っていた。

「ランドセルもなくなってしまった」と肩を落とすまおちゃんのお母さんは、家族が無事だったのは何よりだが、持ち物のすべてを失い、今後どのようにして暮らしていけばいいのか分からないと嘆いていた。

避難所暮らしのまおちゃんは、近所に住んでいた仲良しの友達と遊ぶことで気を紛らわせていた。小学校は春休み中だったが、校舎にも被害が及んだために再開のめどは立っていなかった。避難所での生活についてまおちゃんに尋ねると、「家はなくなったけれど、ここには友達がいるから平気。でも、友達がいなくなったら寂しい」と言い、少

ぼくのノートに女の子の絵を描くまおちゃん。今頃は元気に通学しているだろうか

し疲れた表情を見せていた。

まおちゃんのように、避難所では子どもたちが日がな一日、何もすることなく遊んでいる光景がよく見られた。震災からしばらくすると、子どもたちを支援するカウンセラーやＮＧＯ団体が各地の避難所で活動を開始したが、このときはまだ子どもたちを対象とした支援活動を目にする機会は少なかった。

「また、必ず戻ってくるからね」とまおちゃんと約束して、山田町を後にした。その夜、彼女のエピソードと避難所の写真を東京のＡＡＲの事務所に送信した。すると、理事を務める加藤勉さんが、「食料や生活用品だけではなく、時には心を満たすものも必要だ。子どもたちを元気づけよう」と言って援助を約束してくれた。

約一週間後、被災地をめぐっていたぼくに電話がかかってきた。仙台でぼくと同じホテルに宿泊していたＡＡＲのスタッフ、小林道孝さんからだった。

小林さんの声は何だか落ち着かない。何かよからぬことが起きたのではないか？　この一週間、一回も洗濯せずに着ていた服が悪臭を放ち、ついにホテル側からクレームでもあったのか？　気の弱いぼくは不安になって、身体じゅうから嫌な汗が流れはじめた。恐る恐る、小林さんの話に耳を澄ませた。

小林さんは、山田町の避難所に支援物資を届けたそうだ。例の、まおちゃんのいる避難所である。ぼくの話からまおちゃんを知っていた小林さんは、「肩から二台の大きなカメラをぶら下げた怪しいおじさん（ぼくのこと）が来て、写真を撮ったのを覚えてる？」と彼女に尋ねたという。するとまおちゃんは、はっきりとぼくのことを「覚えている」と答えた。

小林さんは、「その怪しいおじさんの代わりにここに戻ってきた」とまおちゃんに伝え、加藤さんが手配してくれた大きなリラックマのぬいぐるみを手わたした。するとまおちゃんは、突然のプレゼントに飛び跳ねて喜んだという。同じ避難所にいるほかの子どもたちにもわたすと、みんな大喜び、笑顔の花が避難所の一角に咲いたらしい。

かぎられた食事をとり、寒い夜を震えながら過ごす子どもたち。外に自由に遊びに行くこともできず、心を病んでしまう子どもも多い。大人でも耐えがたい環境で生きている……小さな子どもへの負担は想像を絶するものであろう。

ぬいぐるみをプレゼントするAARのスタッフ。ぬいぐるみが与える癒し効果は実際に研究対象になっている

そんな子どもたちが久しぶりに見せた笑顔だったのかもしれない。心の底から嬉しそうにはしゃぐまおちゃんの姿を見ていると、情深い小林さんは涙が止まらなくなってしまったらしい。そして、すぐにぼくに連絡をくれたのだ。

小林さんの話を聞いているうちにぼくの目にも涙がとめどなくあふれてきて、ぼくたちは電話越しに男泣きに泣いた。のちに小林さんは、「このときほど、支援にやりがいを感じたことはない」と話していた。

3 東日本大震災で流した涙（後篇）

片方の腕を孫娘と思われる女性に、もう一方の腕を息子さんらしき男性に支えられて車から降りたおばあさんが、ゆっくりと歩みを進めた。目の前には、津波の巨大なうねりによって根こそぎもっていかれた町の跡が、今は荒野となって残っている。所々に転がっている飴のようにねじ曲がった線路が、最近までそこに電車が走っていたことを教えてくれる。辛うじて流されなかった家屋の土台を目にしなければ、そこに町があったということは信じられない。

二〇一一年三月二三日、宮城県南三陸町の避難所に向かう途中、車を停めて写真を撮っていたぼくのそばに、おばあさんを乗せた一台のセダンが停まった。地震発生から一二日後、おばあさんは被災後に初めて自宅を確かめに来たようで、息子さんが「ほら、あそこが家のあった場所だよ。階段の跡が僅かに残っているでしょう」と指差しながら説明している。おばあさんは、涙を流しながら家のあった場所をしばらく眺めると、突然大きな声を上げた。

「じっちゃん。じっちゃん。じっちゃーん」

ほおを涙で濡らし、手を口にあてて何度も何度もそう叫んだ。荒れ地に、おばあさんの声だけが響きわたった。

この老夫婦が南三陸町の海岸に面した静かな旧家で仲睦まじく暮らしていた様子を勝手に想像し、不覚にも涙が止まらなくなった。写真を撮ろうにも、ファインダーがのぞけないうえに、涙だけでなく鼻水まで止まらない。顔をグチャグチャにしながら、辛うじてシャッターを押した。

涙を見せることに照れや羞恥心があるぼくが車の陰に移

身体を支えられ被災した我が家を訪れ、悲嘆にくれるおばあさん。この場にいた誰もが悲しみに包まれた

動すると、そこには、同行させてもらっていたＮＧＯ「Peace Project」の代表兼ＡＡＲの理事を務める加藤勉さんの姿があった。東北にいる間、金魚のフンのように加藤さんに着いて回り、過酷な経験や心苦しくなる現実を分かち合ってきた。豪胆で逞しい加藤さんは義侠心の塊のような人で、優しい心ももち合わせている。

そんな彼とともにワゴン車に乗り込むと、ティッシュを片手に泣き続けた。いい年をしたオッサン二人が車内にこもり、ティッシュで目鼻を押さえて嗚咽する姿が想像できるだろうか。事情を知らない人が見たら、さぞ気味悪がり、そそくさとその場を立ち去るか、下手をすると通報されるかもしれない……。

巨大な津波は、つつましく暮らす小さな幸せを一瞬にしてぶち壊した。当時の東北で、ぼくが遭遇したのはそんな悲しみのなかに生きる人々ばかりだった。しばらくすると、人の目を気にするほどの余裕がなくなり、とにかく毎日のように涙を流していた。まるで暗く湿った深い森の中に迷い込み、彷徨しているかのようであった。

ぼくが背負ったカルマ

東北の町々を訪れたことで、数多くの出会いを経験することになった。家を流された家族、親戚を失った女性、友人を失った少年、辛うじて津波の被害を逃れたものの会社がなくなり仕事を失った男性――なくしたものは人それぞれ違うが、すべての人々が大きな喪失感のなかで生きていた。その喪失感は、将来に対する不安に姿を変え、被害者の心を覆い尽くしていた。そんな状況のなか、ぼく自身もまるで光の届かぬ沼の中にいるような気がした。

どうやらぼくは、気の効いたジョークを連発して周囲を笑顔で満開にし、和やかな雰囲気をお届けするムードメーカーだと思われている節がある……。たしかに冗談が好きで、人が笑顔になるのを見ていると安心できる。でもそれは、内気なぼくが人とコミュニケーションを取るために身に付けたギリギリの生き方で、実は無理していることも多く、本当は非常に根が暗い。何しろ、愛読書は太宰治である。なかでも、定職にも就かずに女性のひもになり、何度も心中に失敗して恋人を殺してしまうダメ男の話『人間失格』が大好きだ。

真っ赤に燃える太陽サンサンのビーチでカクテル片手に日焼けするよりも、しんしんと雪が降る静寂に包まれた山小屋にこもり、暖炉のそばに置かれたロッキングチェアで太宰治の世界に浸りたい。もちろん、ＢＧＭにはさだまさしか中島みゆきを用意して――。こんな暗いぼくだから、友達の数は片手で数えられるほどしかいない。もっとも仲良しになった親友と言えば「孤独」である。

そんなネガティブな性格のうえに覆いかぶさるように心の問題も抱えているから、もう手がつけられない。震災後、余震が起きるたびにまた大きな地震が来るのではと憂慮し、ありもしないデマに踊らされて心労を重ねた人が多かったであろう。ご多分にもれず、ぼくにもそういう症状があった。実は、ずいぶん以前からそういう状態であった。

9・11に遭遇して以来、飛行機の轟音を聞くと胸騒ぎがする（第3章参照）。地震の被害を受けた国ばかりに足を運んでいるせいか、寝ていてもちょっとした揺れで目が覚めてしまう。利用する宿は泥棒や強盗が入りそうな安宿ばかりだから、小さな物音がしただけでもう眠れない。自宅で寝ているときですら、誰かがそっと部屋のドアを開けただけで目が覚めてしまうのだ。熟睡することがぼくには難しい。

運よく眠れたとしても大変である。夢の中で歴史的な大事件に遭遇したぼくは、慌てて写真を撮ろうとする。しかし、今まで握りしめていたはずのカメラが忽然と姿を消している。「カメラがなーい！　なぜ、こんな歴史的瞬間にカメラがないのだー！」と悲嘆し、絶望するところで目が覚める。海外に取材に出る前の夢はさらにひどく、拉致されたり、何らかのトラブルに巻き込まれたりして途方に暮れている夢ばかりである。

こんなぼくの性格を、「気が弱く神経質なだけ」と笑い飛ばす短絡的思考の輩は、余震でこけて、豆腐の角に頭をぶつけるであろう。ちょっと精神が敏感なだけだと思いたいが、もしかすると、ぼくはかなり年季が入ったＰＴＳＤ（心的外傷後ストレス障害）を抱えているのかもしれない。そう考えるとさらに不安である。しかし、すべては過去の自分に起因しているのだろう。前に進まなければ食っていけないから、「これが自分だ！」と受け入れて生きていくしかない。

ストレス解消はお酒？

東北でぼくは、暗い性格をさらに暗くしながら、毎晩お酒を飲んでストレスを発散していた。「こんな行為はまやかしにすぎず、心身に好影響を及ぼすわけはない」と分かってはいた。しかし、つらいことを忘れられるのは飲んでいるときだけで、翌日にはやっぱりストレスが溜まっている。それに、被災者が過酷な生活を余議なくされているのに酒なんて飲みやがって、と非難されることも承知している。それでも、何かしらのストレス発散策がなければ続けられなかった。

夜、現場から仙台市内に戻ると、加藤さんが飲みに連れていってくれた。飲食店には、東京だけでなくＡＡＲの活動に協力する地元の支援者も集まっていた。コンビ

福祉施設への支援を行っていたAARは瓦礫の中を歩いて無事かどうかを調査していったが、津波で流されていることも少なくなかった

ニも営業をしていなかった当時、食料の入手は極めて困難で、営業できるレストランはかぎられていたというのに、店の主人は数少ない食材をやり繰りして精いっぱいのおもてなしをしてくれた。また、酒豪の多い東北だけあり、お酒に困ることはなかった。暗い気持ちを明日に引きずらないよう、お酒を飲んでその日の経験を語り合ってリセットしたわけである。

翌日は、ちょっとは違う気分で被災地に向かう。見て聞いた苦しみを一人で抱え込まず、他人と分かち合うことで心を開放することができたのだと思う。少々飲みすぎて翌日はしんどかったという反省点もあるが、東北で出会った仲間たちとともに飲んだ夜は非常に貴重なものだった。

諸刃の剣となり得るメディア

気持ちを暗くさせるのは人々の悲しみだけではなかった。日本での取材において、ぼくは徹底的に打ちのめされた。海外に比べて日本での取材は困難なものだ、と前述したが、その理由の一つに取材対象者の保護がある。先進国における取材では、対象者の保護を徹底しなければならない。もちろん、これは先進国にかぎった話ではない。

ドキュメンタリー写真とは、真実を写真に収めて、より多くの人に情報を提供し、改善策を考えてもらうきっかけをつくることである。そして、その写真を見た誰かが、権力へ疑問を抱いたり、弱い立場の人へ援助の手を差し伸べるなど、何らかの行動を起こしてくれれば最高の結果となる。

しかし、その一方で、善意で行われたことが悪用されてしまうことも、とくに先進国ではしばしば起きている。被写体として写真に登場したがために、社会的な弱者となってしまう可能性があるのだ。たとえば、裕福な子弟が通う学校が抱えた悩みを追うドキュメンタリーを制作した場合、それに登場してしまったばかりに身代金目的の誘拐犯に狙われてしまうかもしれない。女性であれば、媒体に登場して顔を披露したために、ゆがんだ欲望をもつストーカーに付きまとわれるという危険もある。

不運な事故に巻き込まれたフォトグラファーを知っている。彼はあるとき、何気なく町のスナップ写真を撮った。その後、その写真を広告として使用したところ、背景に小さく写っていた人物がたまたまその広告写真を発見し、自分の姿が断りもなく商業目的で利用されたとしてフォトグラファーと広告制作会社を訴えたのだ。撮影者にも広告主

気仙沼線の歌津駅には津波で捻じ曲げられた線路が残されていた。
気仙沼線のほとんどはBRT（バス輸送）に変わってしまった

にも悪気があったわけではないが、一方的に敗訴し、罰金を支払うことになった。これは極端な例かもしれないが、実際に起きたトラブルとして学ぶべき点が多い。

メディアは、社会へのポジティブな役割と、被写体へのネガティブな危険性をあわせもつ諸刃の剣と言える。被写体となる人は、自分を守るためにメディアへの露出を控えるという権利をもっており、取材する側は、その後の影響も考えたうえで対応する義務がある。しかし、上から目線で取材をする大手マスコミも存在する。あなた方が抱えている問題を取り上げているのだから取材をさせるのは当たり前、私たちが悪を叩くのだからあなた方も協力するべきだ、と勘違いして横柄な態度になっているケースがある。

たとえば、殺人事件現場で取材をする場合、必ず地域住民へのインタビューが行われる。取材を受けた結果、住民が犯人によって報復される可能性があることを一体どれだけの記者が配慮しているのだろうか。立法、行政、司法と並ぶ「第四の権力」と呼ばれる大手メディアのなかには、自分たちが正義の鉄槌をくだすヒーローだと勘違いしている記者もいるようだ。「これが正しい情報である」と一方的に押し付けるのではなく、受け手側がその価値を最終的に判断する権利をもっているということをふまえておかなければならない。

自分なりの善意に基づいてフォトジャーナリストとしての活動を行っているぼくだが、仕事自体が被写体に不幸をもたらしかねないし、さらには自分自身を苦しめる結果も生みかねない。残念ながら、こうした事件が起こりうる社会に生きている以上、いつも細心の注意を払い、取材協力者とコミュニケーションを取るように努めている。

零戦乗りのおじいさん

悲しい出来事が連続するなか、ぼくに勇気をくれたのが石巻で出会ったおじいさんである。三月三一日、豚骨ラーメンの炊き出しがあると聞いて、避難所に向かった。宿をとっていた仙台から車で約二時間、久しぶりに嗅ぐ香しい匂いを頼りに炊き出し会場に到着すると、寒空の下、子どもからお年寄りまで数十メートルにも及ぶ行列ができていた。

食べ終えた小学生たちに話を聞くと、やっぱりみんな「美味しい！　美味しい！」と喜んでいた。実はこれ、加藤さんが便宜を図って企画したものである。被災した方々に温かいラーメンを振る舞うために、加藤さんは友人や知人たちの協力のもと、この炊き出しを成功させた。

ラーメンの炊き出し会場に集まった子どもたちに、加藤さんはリラックマのぬいぐるみを一人ひとりに手わたしていった。突然のプレゼントに子どもたちは大はしゃぎ。そんな姿を見ていると、何だかこっちも笑顔になってしまう。子どもたちは、いつも大人にパワーをくれる存在なのだ。

そんななか、一人のおじいさんの存在に気付いた。ラーメンを待つ列から少し離れた焚き火のそばで、シャツに蝶ネクタイを締め、チノパンツを履いてビシッときめていたおじいさんが、渋くタバコを吹かしていた。近寄って「ラーメン食べましたか?」と声をかけると、「若いのが食べ終わって、残ってたらいただくよ」と、まるで興味がなさそうな落ち着きぶり。ラーメンの香りを嗅いだぼくなどは、避難所で生活しているわけでもないのにご褒美を前にしてよだれを垂らす犬のようなのに……。

ちなみにぼくは、炊き出し会場ではなるべく食事をいただかないようにしていた。仙台に戻れば何とか食事にありつけるわけだし、被災したわけでもないからだ。それに、ぼくが食べたせいで食べられない人が出てきたら困る。しかし、なかには「どうしても食べていってくれ」というボランティアの方々もいた。せっかくのご親切を遮二無二断るのも失礼と思い、そういう場合はご相伴にあずかったのだが、いまだにどういった対応が正しいのか分からない。

石巻に住んでいるおじいさんの家は津波で流されてしまい、今は避難所で暮らしているという。「(避難所の)生活はいたって快適だ。食べ物も支給されるし、ほれこのとおり、タバコだって手に入る」とタバコをすすめられたが、健康優良児を心がけるぼくは丁重にお断りをした。「家が流されたって騒ぐことじゃあない。俺はこの手帳さえあれば何もいらん。いつも肌身離さず持っているから、津波が来たときもちゃんと持って逃げた。こうしてここにある」と言って、ぼくに見せてくれた。

綴じる部分がバラバラになっていて、かなり使い込まれたものだということが分かる。手帳を開くと、そこには六〇年以上も前に撮影した、若かりしころのおじいさんのポートレートが挟まれていた。写真のなかの青年は、首の部分に毛のついた茶色の防寒着に身を包み、頭には耳あてのついた帽子にゴーグル、首には白のマフラーが巻かれていた。戦闘機のパイロット姿である。優しそうな目でこちらを見る青年の口元には、微笑みが浮かんでいた。

おじいさんは第二次世界大戦末期、零式艦上戦闘機、つまり零戦乗りとしてアメリカ軍と戦ったのだ。幸い、神風特攻隊として命を捧げる前に戦争は終わったが、毎日が命がけ

おじいさんの手帳。どこからか切りとってきた零戦の写真を張ってあり、若者達へのメッセージが記されていた

であったという。

数百万人もの人々が亡くなった酷い戦争が終わってみると、町という町は燃え尽きていた。奇しくも、東日本大地震の前日にあたる三月一〇日は東京大空襲の日である。一九四五年の同日深夜、B29爆撃機は市民の頭上に次々と爆弾を落としていった。この日だけで、八万人以上の人々が命を落としたと伝えられている。戦争で豊かになった者は誰一人として見当たらなかった。戦後の日本は物資がなく、みな均等に貧しかった。継ぎを当てた服を着て、その日食べるものを手に入れるためにおじいさんは奔走したという。

津波の被害はもちろん大変なことだが、当時を生きた人たちのなかには、「食べ物もあれば、着るものもある今の状況はそれほど苦しくない」と言う人もいる。元零戦乗りのおじいさんもその一人である。「あのときのつらい毎日はもう二度と経験したくない」と昔を振り返ったおじいさんだからこそ出せる余裕の言動に、ぼくはただならぬオーラを感じとった。

次のページには、三人のお孫さんの写真があった。その写真を見せるおじいさんの表情は、どこにでもいる幸せそうな老人そのものである。そんなおじいさんが次に見せてくれたのは、なぜか原節子とモーニング娘のブロマイド（肖像写真）だった。もしかすると、ただならぬオーラの源はここかもしれない。誇らしげに見せびらかし、「俺は会ったことがあるんだ」とうそぶいた。

一体、どこでどうやって手に入れたのか？　まさか、写真を買うためにお洒落をして原宿まで

心のケアも兼ねていた授業の再開に、子ども達に少しだけ笑顔が戻った。通信社の記者が持っていたカメラを借りてポーズ

（左）震災後、生徒達の安否をおもんぱかって教師達が春休みの授業を開始した。教室の壁時計は震災が発生した2時46分で止まっていた

（下）遅れてやって来た小学校の卒業式。証書授与式の後、被災した街を前に「この景色を忘れないように。そして、君達が立派に成長し、この街を元に戻すのだよ」と先生は話した

足を伸ばし、クレープを片手にアイドルショップを巡ったとは思えない。それにしても、おじいさんの元気さも十分うなずける。何だか、さっきの零戦の話も本当かどうか怪しくなってきたし、家よりも貴重な手帳の価値も微妙な気がしてきたが、とにかく日本は平和になった。

約七〇年前、日本は戦争という愚行に力を費やし、その結果、国は破綻を来した。敗戦と同時に日本人は誇りすらも失いかけたが、その後、おじいさんたちの世代の懸命な努力によって見事な経済成長を達成し、不死鳥のごとく日本は蘇った。その見返りに何か大事なものを忘れてしまったのではないか、と批判する人もいるだろう。でも、ぼくたちが不自由なく生きていける社会をつくり上げてくれたのは事実である。

おじいさんの話を聞くうちに、震災を乗り越え、新しい社会を後世に残すことがぼくたちに課された使命ではないかと思うようになった。我が身の不幸はもちろんつらい。けれど、子どもたちの世代や、さらにその子どもの世代までもが悲しい生活を送るのはもっとつらい。おじいさんたちが奮闘してくれたように、今を生きる若者が頑張り、より暮らしやすい社会を残さなければならない。きっと日本は復興する——おじいさんはそんなメッセージを伝えてくれたような気がしてならない。

4　トルコ大地震と、ある日本人の記録

　二〇一一年一一月一〇日、イランに接するトルコ共和国東部の町ワン（Van）で、ＡＡＲで働く宮崎淳さんが命を落とした。宮崎さんは、同年一〇月二八日に同地で発生した巨大地震の被災者に食料やＮＦＩ（Non Food Item・生活に必要な雑貨）などの緊急支援物資を配布する活動を行っていたのだが、宿泊先のホテルが余震で倒壊した際、巻き込まれてしまったのだ。

　これまでに述べてきたように、ぼくはＡＡＲのスタッフとともにハイチやケニアに行き、その活動を手伝ったことがあるため同団体には知人も多い。宮崎さんと出会ったのは、彼がトルコに向かう約一か月前のことであった。東京の居酒屋で一献傾けたの

だが、九州出身の彼は「これぞ九州男児」という豪快な飲みっぷりを披露してくれ、お酒の好きなぼくたちはとても楽しい時間を過ごすことができた。

宮崎さんが亡くなった日、千葉の実家で例のごとくダラダラと能天気に過ごしていたぼくは、昼ごろに目覚めてパソコンを立ち上げた。いつものようにニュースを確認していると、日本人がトルコで余震に巻き込まれたことが大きく掲載されていた。そこには、宮崎さんの名前は載っていない。宮崎さんがワンにいることを知っていたが、まさか彼が被災者のはずはないと高をくくっていた。

その後、日本人の命に別状はないとの報道に触れたが、数時間後、「日本人死亡」という報道がもたらされ、ネット上に宮崎さんの名前が飛び交った。あとで知ることになるのだが、瓦礫となったホテルから救出された時点では呼吸をしていたので「無事」と発表されたが、病院に運び込まれたあと、宮崎さんは息を引き取ったという。

支援物資を手わたす宮崎淳さん（左）

一二月になり、「こいつならどこに送ってもカメレオンのように環境に溶け込み、ハイエナのようにおこぼれに預かりながらしぶとく生きていくだろう」と、ぼくのことを鉄砲玉みたいに各地に送ってくださる後輩思いの優しい大西さんから連絡があった。宮崎さんの上司でもある大西さんは、「宮崎さんの不幸によって支援活動は停止中だが、ここで終わらせるわけにはいかない。再開するから一緒に来ないか」と誘ってくれたのだ。

「喜んで行かせていただきます！」と、まるで弔い合戦に出向く戦国武将のように勇ましく答えたものの、内心は複雑な心境だった。再び余震が起き、悪くすれば命を落とす危険もある。しかし、宮崎さんの無念の死を思うと、彼の軌跡をどうしても追いたかった。逃げるわけにはいかない——ぼくは決心した。だけど、小心者だから怖くてしょうがなく、どこに宿泊するのか？　どうやって安全を確保するのか？　事細かく大西さんに尋ねてしまった。

トルコで発生した大地震で支援を行う大西清人さん

宿泊先のホテルは大丈夫か

ぼくがトルコを訪れるのは二度目となる。二〇〇二年にニューヨークの出版社を退社し、アフガンを目指したときに立ち寄っている（第1章参照）。アフガンの大使館は日本大使館からの推薦書がなければビザを発給していなかったが、紛争状態の国にわざわざ出掛けていく同胞のために推薦書を出す日本大使館はトルコ以外に知らなかった。事実、トルコにある日本大使館の対応は非常に好意的なものであった。

ほぼ一〇年ぶりのトルコ、成田空港から首都イスタンブール（Istanbul）までトルコ航空でおよそ一一時間。イスタンブールで一泊したのち、国内便に乗り換えて、約二時間後ワンの空港に着陸した。

イスタンブールの夕暮れ。奥に見えるのはヨーロッパとアジアを隔てるボスポラス海峡

宿泊先は市内のホテルだという。「昨年建てられたばかりの町一番のホテルで、新しい建築法に則っている。大統領も宿泊する立派なホテルだから大丈夫だよ」と、大西さんは言っていた。たしかに、天井からはシャンデリアみたいなキラキラした宝飾が垂れているし、バーやプールまである。もちろん、ヒビなどは入っていなかった。

一泊五ドルの、便所の匂いのする小汚い安宿に泊まっていた一〇年前のぼくが見たら腰を抜かすほどの、豪華絢爛さに目が輝いてしまった。「赤新月」というイスラム圏の赤十字社や、各国のメディアもここを本拠にしている。だから、まちがいなく安全そうではあるが、それでもチキンのぼくからは不安が拭えなかった……。

上空から見たワン湖。近くには、『旧約聖書』に記されたノアの箱舟が漂着したとされるアララト山もある

紀元前9世紀に建築されたワン城からの市街を眺める。残念なことに、ワン城は廃墟のようになっている

ブロックとコンクリートを多用して建築するトルコでは、地震発生時の対応が日本とは異なっている。日本のように机の下やトイレの中に隠れるのは、落下物を支えきれないから絶対にダメ。強固な家具や、ベッドの脇に頭を低くして身を寄せるのがよい。崩れた天井や倒れた壁との間に生じる小さな三角の隙間が、身を守ってくれるのだ。ぼくは、カメラバッグと懐中電灯、水が入ったペットボトルをベッド脇に置いて寝た。

カメラバッグには、カメラ機材のほかに、非常食、多機能ナイフや常備薬、防犯アラームやSOSのモールス信号を発する懐中電灯まで入っている。カメラ機材だけでも十分に重いバッグを、さらに重くしているわけだ。同じ装備を安全な日本でも大粒の汗をダラダラと流しながら運ぶぼくの姿を見て、知人の多くが変人扱いをする。

テント暮らしで冬を迎える被災者

ホテルの周囲では、被災の大きさはそれほど目につかない。しかし、市内を車で回ると、半壊したりヒビが入っている建物が次々と現れてくる。アパートの上層階は窓が壊れたまま放置され、人が住んでいるような気配がない。ヒビが入ってしまった住宅のそばには、被災者が生活を営むテントがあふれていた。余震で倒壊する恐れがあるため、住宅内で暮らすことができないのだ。

テントの広さはわずか六畳ほど、そこに家族五人が暮らしている。電気は通っているのでテレ

全壊した小学校の校舎前に座り込む兄弟。この学校の再開は目処がたっておらず、子ども達は隣り村にある小学校に通学することになった

（左）震源地エルジシュ（Ercis）。ビルは倒壊寸前だというのに、階下のスーパーマーケットは営業していた

（下）夜になると零下にまで冷え込むなかでテント生活を送る被災者。床は絨毯を敷いただけでとても冷たい

ビが置かれ、暖を確保するためのストーブもある。天井には段ボールが張られ、暖気が逃げないような工夫も施されている。狭い空間だが、慣れてしまえばなかなか快適そうではある。被災者の一人が、「今年は暖冬で雪が少ないから、まだ助かっている」と言うが、「一月から三月にかけての、もっとも冷え込む時期にはテントでは暮らせない。早く元の生活に戻りたい」と不安をあらわにしていた。

トルコ政府は被災者に対して仮設住宅用のコンテナハウスを無料で提供していたが、今後、政府が建築する住居は仮設ではなく、被災者が購入しなければならないという。農業や畜産業を営むこの地域の被災者は決して裕福とは言えず、申請することさえ躊躇しているようだった。

国家をもたないクルド民族

トルコ東部からイラン西部、イラク北部地方には「クルド（Kurds）」と呼ばれる民族が暮らしている。自らの国家をもたず（独立国家の樹立を目指す過激派グループも存在する）、遊牧や農耕を生業として生きる少数民族（国内の多数派ではない民族）で、トルコ国内の人口は一二〇〇万人を超えている。不穏分子となりうるクルドの自立を抑圧するため、トルコ政府は過去にクルド語の教育や文化事業を禁止し、トルコ語の教育システムを強要する同化政策を敷いてきた。

これが欧州諸国からの非難を招き、ＥＵ加盟を目指すうえにおいてマイナス要素となるため、近年、政府はクルド民族との共存を目指す方針に転換している。しかし、長い期間にわたって蓄積された両者の軋轢は消えることがなく、ワンの町にはトルコ軍の車両が走り回り、トルコ警察の監視の目が常に光っている。

こうした背景があるため、クルド人被災者の間では不満が渦巻いていた。トルコ政府の援助が不十分であるとして、彼らは憤慨しているのだ。

「コンテナハウスは足りていないし、食料の援助も少ない。どうか（地元の）政府に伝えてくれないか」と、訪れた村々の人々が口にした。トルコの各政党も支援物資を配ってはいたが、自分たちの選挙に役立ちそうな大票田への支援が優先され、それ以外の所は無視されているという。

日本人が、この国の複雑な状況を理解することは難しい。単に、多民族国家というだけではない繊細な問題を抱えているトルコ、そこに住むクルド人の不満は高まるばかりだった。

ワン市内に常駐している武装した警察官。装甲車に乗った彼らにカメラを向けると笑顔で返してきた

二〇一一年、大晦日の仕事

一二月三一日、二〇一一年の最後の日もぼくたちは被災した郊外の村を巡っていた。震災から二か月がすぎた今、被災者たちはどのような環境で暮らしているのか？　食料や燃料は十分なのか？　シェルターはあるのか？　子どもたちの様子は？　学校に通えているのか？　などの情報を集めていく。そんななか、宮崎さんが訪れたという村に行ったところ、彼の話を聞くことができた。

「（宮崎さんは）習いたてのトルコ語を一生懸命使って、私たちに話し掛けてきたのよ」と言う恰幅のいいおばちゃん。「彼はいつもニコニコと笑顔を向けてきて、とっても優しい人だったよ」と話す子どもたち。コミュニティーのなかに入り、受け入れられていく宮崎さんの姿が目に浮かんでしまう。同時に村人たちは、口々にお悔やみを述べていった。

「私たちは彼と彼の家族を思い、神様に祈りを捧げています。彼の貢献は絶対に忘れません」

彼の死を悼む村人たちは、自分たちのために尽くしてくれた宮崎さんを思い出して心を痛めていた。

大晦日の夜、トルコのＣＮＮ（ケーブル・ニュース・ネットワーク）から宮崎さんの話を聞きたいという申し入れを受け、ワン市内の被災者キャンプに出掛けた。夜に到着したが、巨大な施設の中ではイベントが開かれていて、キャンプに暮らす子どもたちが歌い踊って楽しんでいた。

雪に覆われたワン郊外の村。多くの家が地震の被害を受けていた

凧上げをして楽しむ子ども。笑顔を絶やさない子ども達にとっては地震の被害もへっちゃらである

突然の環境変化に塞ぎこんでしまう子どもも多く、こうした慰安イベントは心を癒すためには効果的である。その様子を写真に収め、いよいよインタビューを受けることになったが、対応するのは大西さんだから、はっきり言ってぼくは必要ない。

インタビューはイベント会場の裏で行われた。深夜一一時をすぎ、二〇一一年が終わろうとしていたころにカメラが回りはじめた。インタビューがはじまるまで、いやインタビューの最中もすることがなかったぼくは、ずっとキャンプの様子をうかがっていた。

大晦日だからか、深夜でも電気の灯ったテントが多い。外気はゆうに〇度を下回り、露出している肌が痺れてくる。たしかに、朝起きるとホテルの外が雪景色になっていることはあったが、こんなに冷え込むとは……。これでは、いくらストーブがあってもテントの中は寒いだろう。キャンプに来て、被災者たちの厳しい暮らしを

大晦日のテント村。被災者達は不安を抱えながら大晦日を過ごしている。年を越えた数日後には大雪が降りはじめ、寒さはぐっと厳しくなった

少しだけとはいえ身をもって感じることができ、さらに身を引き締めることになった。

二〇一一年最後の仕事を終えてホテルに戻ったぼくは、どこか日本の演歌を彷彿させてくれるトルコの歌を歌謡番組で聴きながら、日本から持参した日清の「どん兵衛天ぷらそば」を食べ、この一年を振り返った。春には東日本大震災、夏には東アフリカ大飢饉、冬にはトルコ大地震と、自然災害ばかりを追っ掛けてきた一年だった。

ホテルの部屋の窓を開けてみると、凍てつくような冷たい外気が吹き込んできた。ぼくは暖かい部屋にいるが、テントで夜を過ごし、不安な気持ちで本格的な冬の到来を待ち受けている人々がすぐそこにいる。日本の被災地でも、きっと多くの人々が不安を抱えながらこの時を過ごしているのだろう。そして、東部アフリカの砂漠では長引く旱魃のなか戦争がはじまり、難民は増える一方だ。各地で出会った人々は、今どのように過ごしているのだろうか。彼らのことを思い出しながら床に就いた。

日本とトルコの厚き友情

日本人からするとトルコは遠く、馴染みの薄い国だが（オリンピック誘致合戦で最近イスタンブールがメディアで注目された）、トルコの人はとにかく日本人が大好きである。「ぼくは君を知らないけれども、ぼくは何でも知っているよ」と言わんばかりに大好き。ＡＫＢ48を追い掛け、お気に入りのアイドルなら何でも知っているファン並みに日本のことを知るトルコ人もいるが、残念なことに、大島優子がファンの一人ひとりを詳しく知らないように、日本人はトルコのことをあまり知らない。

トルコ人が日本人を好きなのは、日本人が騙されやすくて、カモにしやすいからでは決してない。たしかに、騙される日本人もイスタンブールの観光名所スルタンアフメット（Sultanahmet）地区にはたくさんいるが……。ぼくが初めてトルコを訪れた際のスルタンアフメットでは、トルコ人男性が必死で日本人女性を口説いているという光景を頻繁に目にした。日本人女性はそれほど人気者となっている。

トルコと日本の友好ぶりは歴史が物語っている。一八九〇年、六五六名ものオスマン帝国（トルコの前身）の使節団を乗せたエルトゥールル号が日本に向けて旅立ったが、台風で沈没し、和歌山県民によって救助された。難破したトルコ人の窮状を知った日本人は義援金を集め、日本政府が軍艦に使節団を乗せて母国に送り届けたという話はトルコでも有名である。

二〇世紀に入ると、日露戦争に勝利し、アジアの力を見せつけた日本に触発され、トルコもまた侵略者のロシアに対して立ち上がり、自由を勝ち取った。そんなトルコには、当時の日本海軍大将の名前をとった「東郷通り」や、陸軍大将の名前をとった「乃木通り」などがある。また、当時生まれた子どもたちには、戦争で活躍した日本人の名前が付けられたともいう。

一九八五年のイラン・イラク戦争時、サダム・フセイン（Saddam Hussein・一九三七～二〇〇六）によって領空が封鎖されたイランへいち早くトルコ航空機を送り、在イラン日本人を救い出したのはトルコの大統領である。お返しに日本政府は、欧州とアジアを隔てるイスタンブールのボスポラス（Bosporus）海峡に巨大な橋を建設するなどして、トルコへの感謝の意を表している。

東日本大震災の際には、支援のためにトルコから首相直轄の緊急支援専門チームＡＦＡＤ（首相府緊急事態管理庁）が駆けつけた。最近では、ＪＩＣＡ（国際協力機構）がボスポラス海峡を結ぶトンネル工事資金を提供し、開通式には安倍晋三首相も招かれるなど、両国は良好な関係を築いている。日本人は意識していないかもしれないが、トルコ人にとって日本はとても身近で、親しみのある国なのだ。

宮崎淳さんが残したもの

宮崎さんを巻き込んで崩壊したバイランホテルは、商店やロカンタ（安食堂）が立ち並ぶワン市内の中央にあり、立地条件は最高だった。ホテルは改装を終えたばかりで、オーナーは「耐震強度に問題はない」と豪語していたそうだ。しかし後日、ホテルで亡くなったトルコ人被害者の遺族たちはオーナーを提訴している。

瓦礫が残るバイランホテル跡地で宮崎さんの冥福を祈って合掌していると、「ドクター宮崎の件は本当に残念でした。あなたは彼の友達なのですか?」と、三人のトルコ人女性から声をかけられた。支援を行っていたから医者だと勘違いされたのだろう、宮崎さんを「ドクター」と呼ぶトルコ人は多い。

「ドクター宮崎を救えなくて申し訳ありませんでした。私たちトルコ人は、みな彼の死に涙を流しています。私たちは彼の貢献を決して忘れません」と語る彼女たち、悲しそうな顔をしてぼくに頭を下げた。ワン郊外にある村々を訪問したときも、みんな、このようなお悔やみの言葉をかけてきた。宮崎さんはいつも笑顔を絶やさず、被災者のために一生懸命であった。

宮崎さんの功績を讃えて、ワンでは「ドクター宮崎広場」や「ドクター宮崎歯科医」がオープンしたほか、イスタンブールでも「ドクター宮崎公園」が造られた。そうした施設は今後さらに増えるそうで、どこかの母親が子どもに宮崎さんの名前を付けたという報道もあった。また、ワンに

トルコで出版された本

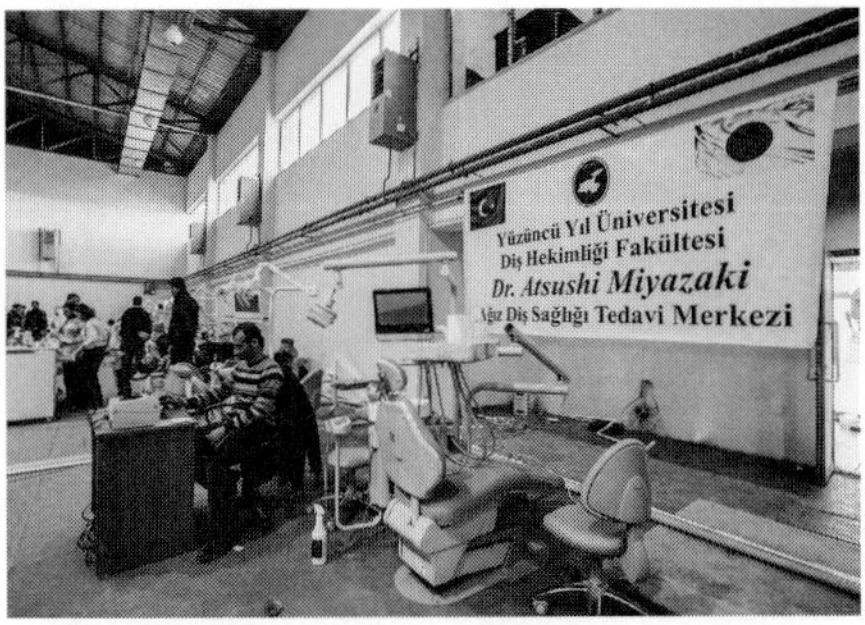

国立ユズンジュル大学の歯科学部は、宮崎さんの名を付けてリニューアルした。

ある国立ユズンジュル（Yuzuncu Yil）大学の教授は、宮崎さんの生涯を一冊の本にまとめて出版し、二〇一三年六月一三日、その一冊を日本にいる宮崎さんの遺族にわたすために訪日した。

宮崎さんの軌跡を知れば知るほど、彼がどれほど現地のトルコ人に愛されていたかが分かった。と同時に、ある疑問を抱いてしまった。「なぜ、被災にあったのが彼で、ぼくではなかったのだろう？」という疑問である。

苦労をしながら大学を卒業し、国際協力に強い情熱を抱き、その夢を叶えるべくＮＧＯに就職し、夢を実現するために支援活動を開始したばかりの宮崎さん。一方のぼくは、ホイホイと海外に出掛けては現地の人々の迷惑を顧みずに好き勝手に撮影して、のうのうと生きている。考えると憂鬱になって寝られなくなるので思考停止をする術《すべ》を覚えたが、一体どれだけ世の中の役に立っているのだろうか……。

日本とトルコに、新たな友情の架け橋をつくった宮崎さん。そんな彼のことを思うと、「死」について考えざるをえない。生と死の境は薄く、わずか数ミリ、紙一重の差なのかもしれない。生と死を分かつものは一体何なのだろう？　ぼくが余震に巻き込まれた可能性だって十分あったのに、一生懸命人々のために生きてきた宮崎さんが天に召された。「美人薄命、天に愛される人は早く天に招かれる」と言われるように、ぼくは美人でもなければ天にも愛されていないのか。

きっと、人は誰でも、この世で果たすべき役割をもっているのだろう。宮崎さんは、きっと大きな役割をやり遂げたのだ。だから、ぼくも世に生きているかぎり、自らの役割、自らに課された務めを果たさなければならない。

このあと、ぼくはシリア難民の支援・取材のためにトルコ南部をウロウロしたのだが、そこでも、ぼくが宮崎さんの知り合いだと知ったトルコ人はみな親切に振る舞ってくれた。ＡＦＡＤが主導でシリア難民の支援を行い、難民キャンプを運営しているが、驚くべきことに、宮崎さんを瓦礫の中から救い出した男性がキャンプリーダーとなって活躍していた。関係者以外立ち入り禁止のキャンプに入ることができたのも、宮崎さんをよく知るＡＦＡＤのメンバーたちが便宜を図ってくれたからである。

宮崎さんが貢献した事実はトルコの歴史に刻まれ、日本との友情をさらに厚くしていくことだろう。宮崎さんは、これからもトルコの人々の心の中に生き続けるだろう。

合掌。

この地域ではナンが主食であるため、AAR はトルコの NGO と協力し各村にパン焼き小屋を設置した

第3章

国際政治・社会

長距離バスの待合室。チェ・ゲバラの肖像画が掛けられてあった。チェは、キューバ人にとっても誇りなのだ

1 人生観を変えた衝撃の9・11

自分のことを「キング・オブ・チキン（臆病者の王様）だ」、とぼくは思っている。極度の怖がりで、いまだに決死の覚悟をしないと飛行機にも乗れないほどである。そんなぼくでも、写真を撮るという目的さえあれば、つらい現場で過酷な目に遭っても恐怖心を乗り越えることができる。何と言っても、撮影に成功さえすれば、恐怖心を凌駕するだけの達成感を味わえるからだ。

本格的にカメラを持ったのは、アメリカ東部、ペンシルベニア（Pennsylvania）州の大学を二四歳で卒業し、ニューヨークの日系ニュース社に勤めてからのことである。現在のように

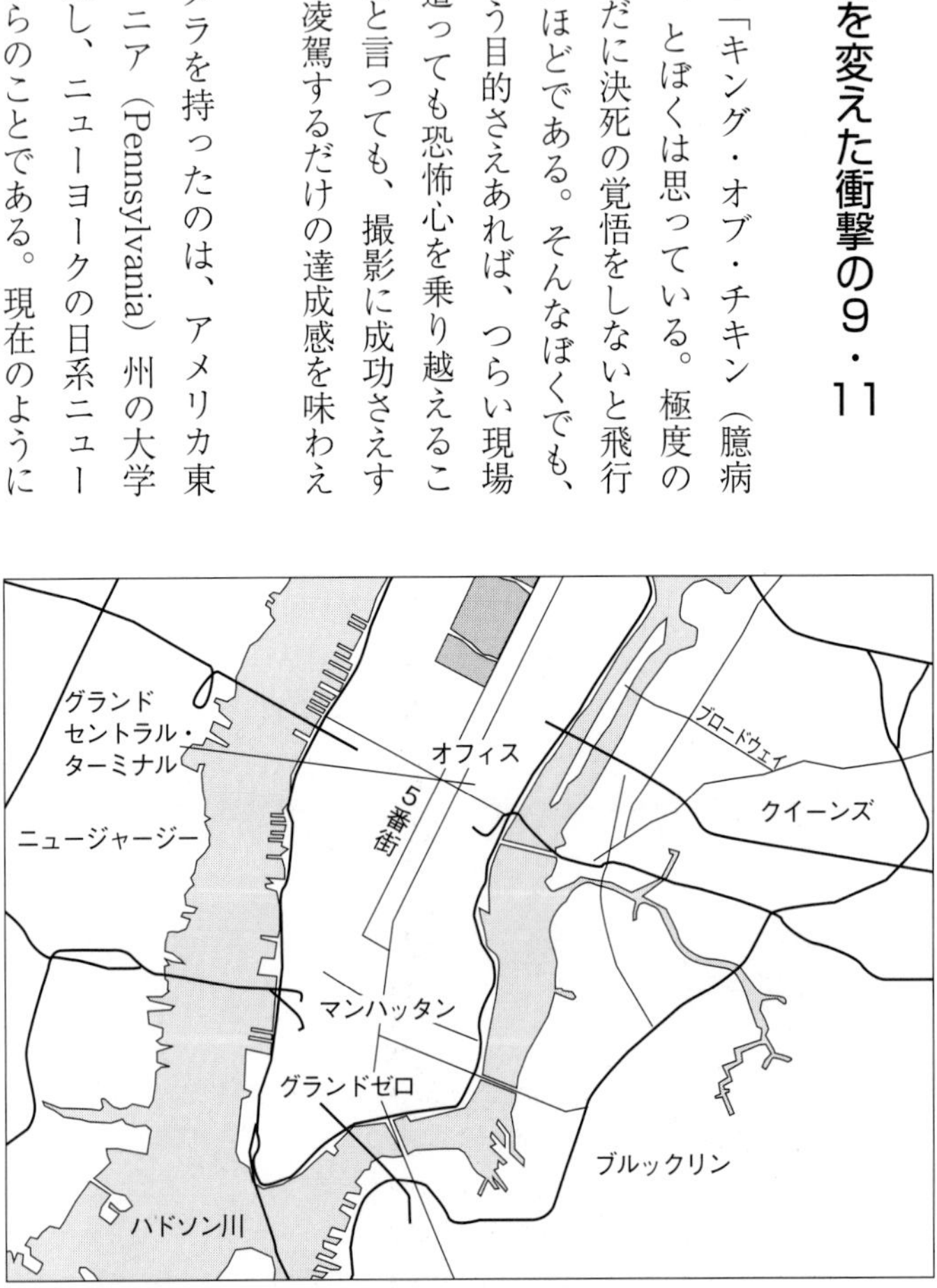

誰もがデジカメを持つ時代ではなかったこともあり、「カメラなんぞ首からぶら下げている輩はただのオタクだろう」とぼくは思っていた。そんなぼくが、今では大きなカメラバッグをかついで、あちこち歩き回り、周囲から気味悪がられている。

とにかくぼくは、自ら書く記事で使うために写真を撮りはじめたのである。そんな矢先に起きたのが、二〇〇一年九月一一日の同時多発テロだった。

旅客機がビルに突っ込んだ！

「ドン、ドン、ドン！」その朝、部屋を激しくノックする音で目覚めた。アパートをシェアしていた田名部茂さんだ。田名部さんはぼくと同じ日系ニュース社の営業マンで、五歳年上の先輩である。前夜、ぼくは田名部さんのビールを勝手に飲んでいた。恐る恐るドアを開けると、案の定、田名部さんは鬼の形相で仁王立ちしていた。

「ワートレから煙が出てるぞ！」

ワートレとは、世界貿易センター（World Trade Center）のこと。ニューヨーク在住の日本人は「ワートレ」と略して呼んでいた。ビールのことではなかったが、安心している場合ではない。慌てて窓に駆け寄った。たしかに、ワートレから黒煙が舞い上がっていた。

ぼくたちはクイーンズ（Queens）区にあるアパートの高層階に住んでおり、部屋の窓からはマンハッタン島に屹立するワートレが望めた。テレビのニュースを見ると、「旅客機がビルに突っ込んだ」と繰り返し伝えていた。「これはただの火事じゃない。テロだ！」と確信した。すぐさま地下鉄の駅に走り出した。勤務先のニュース社はニューヨーク市の中心であるマンハッタン島のど真ん中にあり、地下鉄で二〇分ほどだ。のちにすべての交通機関はストップするが、このときはまだ地下鉄が動いていた。

マンハッタンに到着し、地上に出ると、排煙の匂いが充満していた。高級ブランド店が立ち並ぶ五番街から南を見ると、ワートレから多量の煙が噴き出している。会社に到着すると、先輩記者の細田雅大さんと数名の社員しか出社していなかった。交通手段がマヒしはじめ、出社できないらしい。自宅から動けない社長から電話があった。

「記者たちが自宅のテレビや電話、インターネットで情報を集める。君は、それらをまとめて記事にしてくれ！」

勤務するニュース社は、在米日本人を対象にした情報誌の発行や、ファックスやメールによるニュース送信を行っていた。社員は四〇人ほどで、ぼくの仕事は主にビジネス情報の編集である。時には日系企業の社長にインタビューしたり、アメリカに進出する日本企業への取材のために外に出るが、ほとんどの仕事はデスクワークである。一つの場所にじっとしていられない性質のぼくにとっては、苦痛でしかなかった。

心の中で、「ワートレに行かせてくれ！」と叫んでいた。しかし、新入社員のぼくにそんな主張ができるはずもなく、社長の指示に従うのみだった。このときの後悔は、一〇年以上経った今でもぼくを苦しめる。

新人が重大記事を配信

すぐに、先輩記者たちから情報が送られてきた。

「ニューヨーク周辺の空港では旅客機が計八機ハイジャックされた」

「アメリカ軍の戦闘機がスクランブル発進（急発進）して、マンハッタン上空を警戒中」

「アメリカ軍機が旅客機二機を撃墜」

「ホワイトハウスにも旅客機が突入」

一体全体、この国は今どうなっているのだ。世界中から総攻撃を受けているのか？

今から思えば根拠の不確かな情報もあったが、とにかくぼくは情報をまとめ、結果的には虚実入り交じることになる記事を、社長の指示通りに会社のホームページにアップした。そして、有料購読している読者にも送信した。「何ていい加減な……」と思われるかもしれないが、あのときは本当に情報が錯綜しており、どのメディアも同じような形で発表していたのだ。

たしかに、ニュースのいくつかは誤報だった。しかし、どの日系メディアよりも早く情報をアップした会社のサイトには数週間にわたってアクセスが殺到した。日系メディアのなかでは、世界一情報が早かったのではないだろうか。

ぼくの出社直後に、カメラ片手に飛び出していった先輩記者の細田さんが会社に戻ってきた。地下鉄もバスも運行していないため、走ってワートレ方面に向かったという。

体力が有り余っているうえにギャグばかり考えているおかしなオッサン、いや先輩である細田さん。まず絶対に返ってくることがないのに、ホームレスにお金を貸してしまうような心優しい人だ。この優しさに甘えているのが、何を隠そう、このぼくである。ぼくの稚拙な文章を校閲してくれるのはいつも細田さんで、今のぼくがあるのも彼のおかげである。

ワートレに向かった細田さんは、二つのタワーの崩落を目撃している。会社に戻ってくると、自分の席に着くなり身動き一つしなくなった。放心状態なのか、ぼくが話し掛けると「近くまで行ってきた」とだけ言い、また無言になってしまった。そこへ、社長から電話があった。社長にワートレ周辺の状況を報告していた細田さんが突然、「そんなの撮れるわけないだろう！」と怒鳴り声を上げ、受話器を叩きつけた。

普段は温厚な細田さんが突然声を荒げたものだから、会社の誰もが驚いた。人々が泣き叫んでいる現場周辺の状況を細田さんが伝えると、社長は、そういう人たちの姿をしっかり撮影したのかと念を押したようだ（もちろん、社長は写真を雑誌に掲載しようと考えていたわけで、悪気があったわけではない)。

細田さんが少しずつ口を開きはじめた。ワートレ周辺は想像を絶する状況だったという。逃げまどう人々で大混乱となり、消防隊は到着したものの、火勢は衰えることを知らない。熱と煙に耐えられず、地上数百メートルのタワーから飛び降りる人々の姿もあった。それを地上の人々が呆然として眺めている。悲鳴が聞こえる。力を失い、座り込む人々があちこちに見られたと言う。

そしてワートレは、轟音とともに土煙を上げて崩落した。誰もが必死で逃げ惑うが、煙と埃が充満し、どこに向かえばよいのかも分からない。「……とても人間の仕業とは思えない」と細田さんはつぶやいた。

感受性が強く、人の苦しみを我がことのように感じる細田さんは、阿鼻叫喚《あびきょうかん》の世界を自分一人で受け止めてしまっていた。たった一人の死を目の当たりにしただけでも人は大きなショックを受ける。いわんや、何千人もの人々の命が一瞬で消え去ったのだ。現場周辺にいた人々は、みな彼のような状態になっていたのではないだろうか。

人の道をとるか、写真をとるか

会社に戻ってきた細田さんが現場近くの状況をほかの社員に説明しようとして、涙を流したことを今も覚えている。正直、ぼくは驚いた。心優しい先輩ではあったが、細田さんには怒られることも多く、ぼくにとっては強くて厳しい存在だったからだ。見ているのもつらくなり、そっと会社を抜け出して五番街に舞い戻った。依然として、焦げ臭い匂いがまん延していた。

もし、ぼくが細田さんのような状況にいたらどうしただろうか？　飛び降りる人々を写真に収めただろうか？　泣き叫びながら逃げ惑う人々にカメラを向けるだろうか？　血を流し、倒れ込む人々に向けてストロボを光らすことができただろうか？

フォトグラファーは、被写体の痛みや苦しみを目の当たりにする。そのとき、カメラを向けるべきなのか、それとも彼らを撮影するのは人の道にもとると考えて控えるべきなのか。そして、カメラではなく、救いの手を差し伸べるべきなのか。

フォトグラファーの仕事とは、目の前で起きていることを映像に変えて社会に訴えることである。そこで大切なことは、被写体への敏感な心を失わず、被写体の気持ちを真摯に受け止めることだ。

海外取材に出れば、言葉も通じず意思の疎通も難しくなるが、同じ食事をし、同じ時を過ごし、同じ感情を抱くことによって、ようやくその人の人生が見えてくる。その結果、表面的ではない、人生という奥行きのある写真が撮れるようになる。写真には心が写り込むというが、フォトグラファーと被写体の感情が通じあうことによって両者の距離感が変わるからであろう。

同時に、厳しい現実を受け止めるだけの強い心をもちあわせていなければ、真に迫った写真は撮れない。血の涙を流している人々がいる。目をそむけたくなる苦しみがある。憎悪の目を向けられることもある。もちろん、罵倒されることもある。しかし、フォトグラファーはそこから逃げることは許されない。被写体の苦痛に負けていては、現実を記録して伝えるという存在意義を失ってしまうからである。

優しさと強さを兼ね備えていなければやっていけない。その後、いくつもの現場に向かい、失敗を繰り返して、初めてこのことに気付いた。

真夜中のマンハッタン

混乱する情報に翻弄されたまま、何とかデスクワークを終えたのが夜の一一時すぎ。現場に近づいてみたい――そう思い続けていたぼくは、隣の席の宮崎博二さんに声をかけた。

宮崎さんはフォトグラファーではなく、プログラマーだ。オーストラリア大陸を放浪し、それでも飽き足らずにアメリカでも放浪を続け、ついにお金が尽きたのでやむを得ずこの会社に就職したという強者である。しかし、宮崎さんは写真が上手で、取材の際には彼に同行してもらうということがたびたびあった。

二人で、会社が所有する一眼レフカメラ二台と、フィルムを可能なかぎり持った。会社のカメラを使うには、事前に使用許可を申請しないといけない。しかし、その夜の写真撮影に関しては会社から指示が出ていなかった。ただ現場に行って写真を撮りたいだけだったぼくたちは、無断でカメラを拝借した。「明日の朝までに戻しておけば問題ないだろう」と二人で頷いた。

バスもタクシーも走っていない静かなマンハッタンを、徒歩で南下した。平時であれば深夜でもタクシーが走り回っているが、この日はまるで別の町のようだった。途中、唯一開いていた中華系の商店で食料を買い、さらに南下を続けた。砂埃が舞うなか、警察官や消防隊員、三脚を立てたテレビクルーたちの姿が増えはじめていた。

ケータイが鳴った。田名部さんからだった。

「今どこにいるんだ？　まさかとは思うが、お前のことだから……」

救援に駆け付けたアメリカ軍の兵士。その脇では、テレビの中継が行われていた

「グラウンドゼロ（爆心地）に近づいてはいますが、ワートレ跡はまだ確認できてません」
「おいおい大丈夫か。ワートレ周辺に戒厳令を出すとか出さないとか、ジュリアーニ(1)が言ってるらしいぞ」
「戒厳令が出ると、どうなるんですか？」
「怪しいと思えば誰でも逮捕できるんじゃねえか？　銃殺されても文句は言えないんじゃねえか？」

アメリカでは、警察官が銃を乱射するのは日常茶飯事。無抵抗の容疑者に複数の警察官が発砲し、死亡させるといった事件もしばしば起きていた。

「な、なるほど分かりました。気を付けます。ありがとうございます……」

でも、今さら何をどうやって気を付ければいいのだろうか。引き返せばいいのか……それだけはしたくない。せっかくここまで来たのだから、とにかく前進あるのみ。とは言うものの、すご〜く怖い。本当に撃たれたらどうしようと不安感がどんどん上昇していった。

「POLICE」と書かれた青色のバリケードが設置され、屈強な警察官が道路を封鎖している場所

（1）（Rodolph William Louis〟Rudy〟Giuliani Ⅲ・一九四四〜）一九九四年一月から二〇〇一年末までニューヨーク市の市長を務めた。マフィアを徹底的に検挙し、犯罪数を減少させた。また、町の洗浄化を図る政策も功を奏し犯罪減につながり、観光客が増加し、税収も潤うなど多くの業績を上げた。

に出た。目立たないようにそっと通りすぎようとすると、「ここから先は進入禁止だ。引き返せ！」とすごい剣幕で怒鳴られ、追い返されてしまった。

「こ、怖い。撃たれなくてよかった」

田名部さんの電話のせいで、ぼくはビビりまくっていた。「大丈夫だよー。まさか、いきなり発砲してくることはないよ」と宮崎さんは言うが、口調が軽すぎるので余計に不安が増した。

マンハッタンの通りは碁盤の目のようになっている。ある通りが封鎖されていても、隣の通りは通過できるかもしれない。五番街がダメならその隣、それでもダメなら三番街だ。警察官に警告されるたびに通りを変え、引き返しては進み、引き返しては進んでいると、「見えた！　一〇〇メートルほど先がワートレ跡だ！」。

事件現場を封鎖する警察の黄色い規制線が張られ、正規の取材許可を得ている大手メディアもその内部には入れないよ

グラウンドゼロ付近では夜になっても煙が上っていた

うだ。諦めきれないぼくたちは迂廻路を探し、周囲をウロウロしていた。すると、休憩中の消防隊に水を配っているボランティアの集団を発見した。黄色いテープの向こう、立ち入り禁止エリアで活動していた。

「この人たちの手伝いをさせてもらうってのはどうでしょう?」とぼくが言うと、「いいねー」と、またまた軽すぎるノリの宮崎さんが答えた。どうもこの人は、事件の重大さが分かっていないのではないか……。ぼくたちはボランティアに話し掛け、ペットボトルを預かった。そして、足早にその場を離れようとしたときである。

「おい君たち、待ちたまえ!」ボランティアの一人がぼくたちを呼び止めた。

「ドキ!」心臓がバクバクしている。警察官だけでなく、君らまでぼくたちを止めるつもりか⁉　しかし彼は、「埃がすごいから、マスクも持っていきなよ」と言い、優しく微笑んでくれた。

灰が舞うなかグランドゼロを目指す筆者。右端

このマスク、花粉の時期に使用する普通の市販品で、しばらくすると真っ黒になってしまった。残念ながら、灰から身を守る効果はあまりなさそうだが、取材許可証を持たないぼくたちが怪しい東洋人の顔を隠すのには最適だった。

「ありがとう！　ボランティアのみなさん」と、心の中で一〇〇回ほどお礼を言った。

そこから先にも大勢の警察官がいた。「ご苦労様です」などと声をかけ、水を手わたしながら進んだ。水を受け取った警官は何も言ってこない。なんて素晴らしいアイデアであろう。「ありがとう！　ボランティアのみなさん」、ぼくはその場で正座し、額を地面にこすりつけて血が出るまで拝みたくなった。

ボランティアに扮して現場に近づこうなんて不謹慎だが、フォトグラファーには何としてでも写真を撮らなければならないときがある。そういうとき、手段を選んではいられない。偽造の取材許可証を使うフォトグラファーも多いし、身分を偽って外国に入国する輩《やから》もいる。こうした努力があるからこそ隠された真実が明らかになり、社会に影響を与えることもできる、と自らを正当化している。

ましてや、大手メディアに属しているわけではない。小さなニュース社の社員、あるいはフリーランスが、圧倒的なネットワークと人材をもつ大手とまともに競争しても勝てるわけがない。彼らと違う視点をもって撮ってこそ発表の機会が得られるのだ。

ワートレを激写

水を配りながらさらさらに進むこと二ブロック。明らかに風景が変わった。警察官の姿が減り、消防隊員が駆け回る姿が目立つ。膨大な灰が積もり、オフィスから降ってきた書類が散乱している。灰の匂いが強烈で、息をするたびにむせそうになった。

積もった灰を踏むと「サク、サク、サク」と足が沈み、まるで新雪の上を歩いているようだ。周囲はすべて焼け焦げている。ワートレの崩落に巻き込まれ、ボロボロに傷ついている。

消火の放水が流れてきているのだろう。積もった灰が水気を帯びはじめ、靴の中までビショビショになった。ワートレはもう目の前にちがいない。置き去りにされた市バスを通りすぎると、出た！

残骸が丘のように積み重なっている。天高く勇ましく伸びる二つのビルの面影はまったくない。突き立っている壁

書類や灰で覆い尽くされていた墓地。グランドゼロ周辺はどこも灰に覆われていた

の残骸を見て、ようやくここがワートレ跡だと認識できる程度だ。それ以外は、ただ焦げた瓦礫が山のように積もっているだけ。

そのなかを、生存者を捜索する消防隊員が忙しく動き回っている。こちらには見向きもしない。頭が真っ白になり、恐怖感も吹き飛んでしまった。目の前にある光景が眼球を通過して脳に入ってくる。そこには個人的な感情が入り込む余地はなく、ただただ混沌に身を置いているという感覚でしかない。音も色も何もない、夢の中にいるような気がした。

うしろを振り向くと、規制線が見え、その向こうにはテレビカメラの三脚が立ち並んでいた。どうやら、大手メディアでもおいそれとは立ち入れない場所に来てしまったようだ。ぼくたちはカメラのシャッターを切り続け、すべてのフィルムを使い切ると早々に引き揚げた。北に向かって真っすぐ歩きながら、たった今目撃した状況についてとり

崩れたワールドトレードセンタービル。消防隊による消火作業が続けられているのが分かる

とめもなく話し続けた。興奮していたからか、不思議と疲れを感じることはなかった。

翌朝、すぐに写真屋に駆け込み、現像を依頼した。胸を高鳴らせながらできあがってきた写真を見ると、ほとんどの写真がぶれていた……。現場が暗すぎて、シャッタースピードが遅くなってしまっていたのだ――大失敗である。それでも何とか、勤めるニュース社が発行する雑誌と、毎日新聞のインターネット版に写真を掲載してもらった。

その後の世界

自由の国「アメリカ」には、世界中から人々が集まってくる。だから、他国の文化に寛容なイメージがあるが、その一方では非常に保守的で、海外の事柄にはまったく無知、興味すら抱かない人も多い。そのせいか、他国との軋轢も少なくない。とくにイスラム教徒との間には問題が山積みしており、イスラム過激派からの攻撃を受けるなど衝突が絶えなかった。

９・11以後、国際政治は新たな時代へと突入していった。大国同士の衝突から「テロとの戦い」と呼ばれる新たな戦争へとシフトされたわけである。アメリカ政府は首謀者をウサマ・ビンラディンと断定し、潜伏先と予想されるアフガニスタンへの攻撃を開始した。

約一〇年後の二〇一一年五月、パキスタンに潜伏していたビンラディンをアメリカ軍は殺害した。戦争で多くの民間人が傷ついて命を落としたが、アメリカはいまだアフガンから軍を引き揚げず、戦争の終わりは見えていない（二〇一四年五月、全軍を引き揚げるとオバマ大統領は発表している。七二ページ参照）。

デスクワークに飽き飽きし、自らの仕事にやりがいを感じられなかったぼくは、この夜の経験が理由で写真の世界に引き込まれていった。約半年後、本格的に写真の仕事をはじめるため会社を退職し、アフガニスタンに向かった（第1章参照）。しかしそれは、田名部さんのビールを勝手に飲み続け、仕事での失敗を繰り返し、細田さんに叱られ続けてからのことである。

2 人生最悪の日——ニューヨーク市警に逮捕される

同時多発テロから二か月がすぎた二〇〇一年一一月一二日、二六〇人を乗せた旅客機がニューヨーク市に墜落した。ＪＦＫ国際空港を飛び立ったばかりのアメリカン航空の機体が、午前九時六分、クイーンズ区ロッカウェイ（Rockaway）の住宅街に墜落したのだ。墜落の原因は不明だったが、９・11の記憶が生々しく、誰もがテロリズムとの関連を疑った。

ニュースを聞き、再び同僚の宮崎さんとともに現場への侵入を企てた。相変わらず、デスクにへばりついてばかりの仕事がぼくは好きになれず、外に出たくてウズウズしていたのだ。

担当していたビジネス記事のニューズレターの編集を終えたのが夜の一〇時、９・11のときと同様、会社から指示があったわけではないから、先輩に断って会社のカメラを使うわけにはいかない。例によって無断でカメラを拝借し、墜落現場に向かった。

深夜のタクシーで現場まで約一時間。旅客機が墜落したロッカウェイは、マンハッタンに通勤するにはちょうどいい距離にあるベッドタウンで、こじゃれた家々が建ち並ぶ閑静な住宅街である。普段なら夜の帳《とばり》がおり、安寧感に包まれた平和な時間が流れているところだが、今夜は明らかに様子が違う。至る所で立ち入り禁止を意味する警察の規制線が張り巡らされており、警察官が周囲を監視している。二か月前を思い出す。あの夜も、ぼくたちは警備の手薄な場所を見つけて徐々に侵入していったのだ。

東西に細長いロッカウェイ半島の町は、碁盤の目状だから見通しはよい。警備が厳重に見える墜落現場の西側ではなく、規制線こそあるが、警察官の姿が見当たらない南側の通りから侵入した。テープを乗り越えて三〇メートルほど北上すると、住宅街のど真ん中に、ぽっかりと真っ黒く焼けただれた空間が現れた。焦げた匂いが充満している。旅客機が墜落した家々は跡形もない。すでに鎮火されているが、照明の下、消防士たちの作業が続いていた。墜落の原因を探っているのだろう。

近づいてみると、中学生ぐらいの子どもたちが、警察官も消防士もいない場所から墜落現場を眺めていた。写真を撮ろうとそこに向かうと、突然、隣でストロボが光った。宮崎さんがカメラのフラッシュをたいたのだ。

周囲は暗い。たしかにストロボを使いたくなるが、もし警察官に気付かれたら……というぼくの心配をよそに、宮崎さんは平気な顔をしていた。警察官はぼくたちの侵入には気付いていなかった。ストロボに驚いたのは、むしろ子どもたちだった。彼らもまた立入禁止区域にいるわけだから、警察官に気付かれるのが怖い。宮崎さんのストロボ撮影を、焦った身振りで制止しはじめた。

あっという間の逮捕

写真を撮ってそろそろ退散しようとしたとき、隣家の二階で三脚を立てて撮影しているカメラマンの姿が目に入った。この区域は住民以外は立入禁止のはずだが……どうも報道関係者っぽい。どうやって二階に上がったのだろう?

「宮崎さん。ぼくらも、もっといい場所を探しましょうか」と、提案してみた。今から思えば、これが悲劇のはじまりだった。このとき、さっさと退散していれば……。

目立たぬように移動し、北側の隣家の庭に最適な場所を発見した。燃え残ったジェットエンジンや巨大な金属片、作業を行う消防隊の姿が撮れる。ベストショットを数カット撮り、よしこれで脱出だ。と、そのとき、子どもの声が響いた。

「おまわりさん！　あいつらです！」

次の瞬間、銃口をこちらに向けた六人の警官に包囲されていた。

「フリーズ！（動くな）プット・ユア・ハンズアップ！（両手を上げろ）」

凄まじい緊迫感。恐怖と混乱で失禁しそうだ。ニューヨーク在住なのに英語が大の苦手で、普段ほとんど英語を話さない宮崎さんが必死に叫んでいる。

「アイ・アム・ジャパニーズ・フォトグラファー！　ジャーナリスト！」

警察官は聞く耳をもたない。ぼくの頭は混乱し、何を口走ったかさえ覚えていない。警察官たちは、ぼくたちがテロリストの一味であると疑ったのかもしれない（機長の操縦ミスが墜落の原因だと確定したのは後日のことである）。

ぼくたちは、すぐそばに駐車されていたアメ車に上半身を押し付けられ、うしろ手に手錠をかけられた。「おいおい、手錠までかけるのか？」と驚いていると、屈強な警察官に身体の自由を奪われ、そのまま警察車両に押し込められた。頭の中はクエスチョンマークでいっぱい、混乱した状態のまま警察署に連行され、狭い鉄格子の中にぶち込まれてしまった。

取締官がやって来て、ベルトや靴の紐を持ち去った。逮捕された絶望から首を吊る人間がいるので、自殺防止という配慮らしい。親指の指紋を採られ、白黒の横線が引かれた壁の前で顔写真を撮られた。犯罪映画などでおなじみのマグショットというやつだ。

これでオレも立派な罪人。「オレの名前はルパ〜ン三世！　世界のお宝を次々とゲットするぜ！」とアニメのルパン三世に憧れたあのころ、まさか本当にマグショットを撮られるような大人になるとは……情けなくて涙が出そうだった。簡単な尋問が行われたが、こちらからの質問には一切答えてもらえなかった。

寒い鉄格子の中に放置されたが、鉄格子に触ると凍っているのかと思えるほど冷たかった。ニューヨークの緯度は青森〜北海道と同じぐらいだから寒くて当然だが、せめて部屋の中ぐらいは暖めてほしい。罪人への罰がすでにはじまっているのだろうか。気温が低いからか、それともあまりの緊張からか、身体の震えが止まらない。

手も足も出ない状況に心も落ち着かない。不安を少しでも和らげたくて宮崎さんと話でもしようかと思ったが、宮崎さんはいつの間にか座禅をはじめていた。いつもは呑気すぎる宮崎さんだが、さすがに何か思うところがあったのだろう。精神世界にひとまず避難するなんて、いかにも宮崎さんらしい。

小学生のころ、ぼくは落ち着きがなく、父親に禅道場に送られたことがある。座禅なら負けんぞと思い、ぼくもやってみた。しかし、雑念ばかりが脳裏に去来し、まったくもって集中できなかった。心は千々に乱れたままだった。

「まだ二五歳なのに、もう前科者になるのか」と思うと、気持ちが沈んだ。毎晩アパートで遅くまで酒をくらい、定時をすぎてから出社、週末はバーに通って女の子の尻を追いかけては嫌がられるだけの日々だった。それでも、お縄をちょうだいすることは一度もなかった。

サイテーだ！　禁錮一〇年の刑になったらどうしよう。目を閉じると大学時代の友人たちの姿が思い浮かんだ。大手の金融会社やコンサルティング会社に就職した彼らは、今頃ワイン片手に葉巻でも吹かしているにちがいない。彼らとぼくとは、一体どこで人生の針路が分かれてしまったのだろう？

中学時代、英語が苦手でどうしようもなかった。高校受験の英語の成績は、わずか三八点。辛うじて進学できた高校だが、校風に馴染めず授業をさぼり、通学途中にある公園で太宰治などの純文学を読みふけるという暗い毎日を送っていた。心から相談できる親友もわずかだった。

そんなぼくの目標はただ一つ、苦手な英語を克服して話せるようになりたい、ということだった。三年間英語塾に通い続けたおかげで、高校の成績で誇れるのは英語のみだった。もちろん、日本で大学受験をしたが、今度は英語しかできないから見事に撃沈。日本にいてもやる気が起きず、それならばと留学を決意した。

そして、その年の九月にはアメリカにいた。大学付属の語学学校に半年通い、翌年ペンシルベニア州の大学に進学した。日本の大学とは違い、結果を出さなければ進級できないから講義はさぼれない。レポートを提出しまくり、試験で結果を出していった。

大学時代のぼくは部屋にこもり、勉強か読書ばかりしていた。週末には、台湾系アメリカ人の友達とパーティーに参加したりもしたが、口論をしたり、飲みすぎたり……一度などは、酔っぱらった韓国系アメリカ人の女子に大東亜戦争の遺恨から絡まれ、パーティーを台無しにしたこともある。

韓国系の男子たちは彼女の態度豹変を謝罪したが、女子たちからは総スカンを食らい、その後、キャンパスでは挨拶もしてもらえなくなった。ぼくが馴染める場所はない……ますます部屋に引きこもるようになった。言ってみれば、暗い青春時代だった。

卒業が近づき、友人たちが大手企業への就職活動を続けるなか、「ただ利益を追求するのではなく、社会に貢献できる仕事がしたい」とカッコをつけて、ニューヨークの日系ニュース社に就職した。しかし、そんな理想もいつの間にか薄れ、功名心ばかりが先走り、とうとう逮捕されてしまった……。惨めすぎて、友人たちに合わせる顔がない。

そんなことを思っているうちに、外が明るくなってきた。警察官が現れ、また手錠をガシャン。どこかに移送されるようだが、行き先を尋ねても教えてくれなかった。次に何が起きるか分からないことほど怖いものはない。手首に当たる手錠がやけに重くて冷たく、そこから身体全体が凍りつき、しびれてくるようだった。本当にサイテーだ！　昔も今も、ぼくの人生は真っ暗だ。

鉄格子の中で家畜扱い

到着したのは裁判所付属の拘置所だった。警察署付属の留置所と同じく鉄格子の中に入れられたが、比べるとこちらのほうがかなり広い。鉄格子のほかはコンクリートの壁だけという寒々しさで、そこに、ぼくと宮崎さんだけが収容された。そして、数十分経つとすぐ別の部屋に移された。

これまでの部屋とは違い、便所がある。と言っても、便器はむき出しだ。用を足しているときに姿を隠すことはできず、しかもトイレットペーパーがない。この便器で大便をする勇気と気迫があれば、何だってできるような気がする。もし、あのとき、堂々と大便をしていたら、今頃ぼくはルパン三世的な大泥棒となって世界中を騒がすか、チェ・ゲバラ(2)のような革命家となって理想国家を追求していたかもしれない。

悪臭を放つ便器の近くで、数人の男たちが雑魚寝をしていた。彼らも同じく逮捕されていた。

（2）（Ernesto Bafael Guevara de la Sern・一九二八〜一九六七）アルゼンチン出身の革命家。一九五九年のキューバ革命に参加。革命後はキューバ政府の要職に任命され同国の発展に尽力した。一九六六年ボリビアに渡り再度革命運動を行うが、ボリビア政府軍に囚われ処刑された。一九二ページからも参照。

「わ～い。新しいお友達ができた。これでもう寂しくなんかないや！」

　なんて、小学校の新入生みたいなことを思うはずはなく、不安が募るばかりであった。どんな悪行に手を染めた重罪人たちなのだろうか、ひょっとしたら数人の命を奪ってきた殺人者なのかもしれない。彼らのジャケットの下のシャツは、いまだ鮮血で染まっているのかもしれない。怖い、怖すぎる。決して彼らを目覚めさせぬよう、静かに部屋の隅に移動し、身を横たえたぼくは、緊張と疲れからかあっという間に眠り込んでしまった。

「ビシ、バシ！」誰かがぼくの足を蹴っている。その驚きで目が覚めた。でっぷりとお腹の出た女性刑務官が、次々と容疑者を蹴っ飛ばして起こしているのだ。「やれやれ、ぼくの人生も人に足蹴にされるところまで落ちたか。これでは、まるで家畜扱いだ」――目覚めた瞬間、すでに気持ちが落ち込んでいた。

　牛乳とシリアルの朝食をわたされたが、食欲がまったくなく、隣にいた見知らぬ兄貴に譲ってあげた。この兄貴、こんな状況だというのにシリアルを完食し、落ち込んだ様子もない。一体どんな精神力があれば、ここまで平常心を保っていられるのだろう……。それとも彼は、単にこの拘置所の常連さんなのだろうか……。

　その後、再び長い待ち時間。そして、第三の部屋に移動。一〇人近い男たちがいる。壁に電話が設置されており、外部に連絡できるようだ。すでに正午をすぎている。平日だったから、ぼくたちは会社を無断欠勤したことになる。電話をしたほうがいいだろう。会社の面々にはあまり知られることなく、穏便にすませたい。しかし、まず電話に出るのはきっと総務部のお局様だ。優しくて面倒見がよく、頼りになる女性なのだが、おしゃべりが好きな彼女は声も大きい。狭いオフィスなので、あっという間に全員に知れわたってしまいそうだ。

会社の電話番号をプッシュし、なるべく気負わず平静な声音になるように努力して話した。

「あ、おはようございま〜す。川畑で〜す。え〜とですね、ちょっと説明しづらいのですが、えへへへ、ちょっとわけがありまして、ハッハッハ、今日は出社できないかもしれないんですよ〜。ちなみに、宮崎さんも一緒で〜す」

なるべくのんびりと話したつもりなのに、案の定、電話口のお局様はまるで楽しいお祭りがはじまったかのように興奮していた。

「何があったの！　どうしたの！　言ってごらんなさい！」

弱ったネズミをいたぶるネコのようでもある。会社に戻ったら、大変なことになりそうだ……。

塀の中のお友達

また、部屋を移動させられた。第四の鉄格子、ここにも男たちが大勢いる。とくにやることはなく、全員が暇である。

「よう、お前は何やってとっつかまったんだい?」なんて会話がはじまった。

隣のメキシコ系の男は、兄弟喧嘩をしているうちに興奮が高まり、ついナイフを持ち出してしまったのだという。自動車のタイヤがツルツルになったという理由から、廃車置き場に侵入してタイヤをすり変えようとした二人組もいた。この二人、逮捕の理由をぼくに話しているうちに興奮してきたのか、「盗もうと言い出したのはお前だ!」、「何だと! 最初に言い出したのはお前だろう!」とケンカをはじめてしまった。

「おい、てめえらは何をしたんだ?」と尋ねられた。経緯を話すと、「何だそりゃ。そんなひどい話があるもんか。警察の野郎め」と言って同情されてしまった。悪党たちが味方になった瞬間である。

正直、彼らは身なりはよいとは言えず、上品な英語を話すわけでもない。もちろん、まっとうな職業に就いているとは思えない。それまで彼らと同じ部屋にいることに違和感を覚えていたぼくだが、話しているうちに徐々に友情が芽生えてきた。冷静に考えれば、殺人事件を起こした者と同じ拘置所に送られるはずがない。彼らと同様、ぼくだって汚い恰好だし、同じ鉄格子の中にいることはまちがいない。

「ずっと探していたぼくの馴染めるところ。ついに居場所を見つけたよ。みんなごめんよ。これからはぼくも仲間さ」と猛省し、このときに出会った彼らとメルアドを交換し、クリスマス前になると心のこもったグリーティングカード（挨拶状）を送り合い、お互いの家庭を訪問しあう仲になる……なんてことはないが、ぼくは彼らを根っからの悪人だとは思っていない。話してみると、意外といい男たちだった。

ちょっとしたミスから犯罪者になってしまうという、危なっかしい社会にぼくたちは生きている。感情のちょっとした爆発。羽目を外してしまう楽しい大騒ぎ。これくらいは大丈夫だろうという油断。酒を飲んで立小便をしただけで手錠を掛けられた不運な友人をぼくは知っている。誰だって、やってしまいかねないことばかりだ。それらを厳しく取り締まる警察と法律がアメリカにはある。

アメリカ人はしょっちゅう裁判をしているから、「かかりつけ医」のほかに「かかりつけ弁護士」がいる。アメリカの主張する「自由」とは、がんじがらめになった法律にきっちりと従う者だけが実感できる「束縛のなかの自由」なのだろう。

人生初の法廷

夕方近くになり、ぼくらは大きな部屋に通された。木製の長椅子が並び、部屋の奥では、黒い服を着た男がひと際高い場所にある椅子に座っている。法廷だ。数週間後に裁判を行い、有罪となれば罰金および禁固刑が科されることが言いわたされた。

やっと解放され、外に出られた。

「ああ、空がこんなに広いなんて。今のぼくなら、この広い大空を鳥のように飛び回ることだってできるよ」

ありきたりの、しかし心からの台詞を叫ぶと、地下鉄の駅に走って急いで会社に向かった。

会社では、総務の彼女が非常にご立腹だった。「二人とも、ちょっとこっちに来なさい」、会議室に連れていかれた。ここでもまた尋問だ……いや、警察の尋問以上の厳しさとなろう。ひと通り説明しても彼女の興奮は覚めやらず、何だか大騒ぎが続いている。

ロサンゼルス支局に出張中の社長に電話で報告すると、「若いんだから、それぐらい経験しておいてもいいでしょう。私もそういう経験はありますよ。ホッホッホ」と笑った。若いころに新聞記者をしていた社長の言葉を聞いて少しだけ元気が出たものの、ぼくの業務は先輩がカバーしていたし、会社のカメラだって警察に没収されたままである。申し訳なくて、その後しばらく頭を低くして縮こまっていた。

会社から給料を前借りし、弁護士料四〇〇〇ドルを宮崎さんと折半して臨んだ裁判では、情状が酌量され、執行猶予が言いわたされた。弁護士が事前に司法取引を行っていたおかげだ。これからの半年間、同じ罪で逮捕されないかぎり無罪が確定することになる。

法廷では、幾人もの容疑者に罪状が言いわたされていた。傍聴人もいるから、薄暗い裁判所の中は少々にぎやかだった。ぼくたちの名前が呼ばれ、前に進むと、裁判官は笑顔になった。珍しい事件だから、ぼくたちの顔を覚えていたようだ。「おお、君たちか。その後どうだい？」なんて言葉もいただいた。

判決前、ぼくは緊張しまくっていた。事前に司法取引を行ったことについては弁護士に知らされていたが、英語が苦手な宮崎さんの分までしっかりしなければとぼくは気負っていたのだ。隣に立つ宮崎さんはというと、逆に平気な顔をしている。案の定、裁判官の話す英語はチンプンカンプンだったらしい。傍聴に来てくれた細田さんがあとで言うには、裁判官の前に進むとき、ぼくの右手と右足は同時に前に出ていたという。それほど緊張していたのだ。

後日、警察から返却されたカメラの中のフィルムは無傷だった。現像してみると、大破した機体と作業中の消防士たちがバッチリ写っていた。掲載には至らな

NYFD ニューヨーク消防局。ぼくはいつも、彼らを追い掛けていた気がする

かったが、その写真は日本の週刊誌に五万円で買ってもらえた。とはいえ、弁護士費用を差し引けば大赤字である。

会社に迷惑をかけ、先輩に余分な仕事をやらせ、大きな借金まで背負うことになった。当時は落ち込んだが、自分をフォトジャーナリストの道へと向かわせる得難い経験だったと、今のぼくは開き直っている。

3 理想国家キューバの現実

目抜き通りには瀟洒なレストランやバーが建ち並び、陽気なラテン音楽が流れている。陽はまだ高く、暖かい陽光が降り注いでいるのに、サトウキビの蒸留酒ラムを飲む客でバーはいっぱいだ。

ここは、一年を通して気候の温暖なカリブ海の島国、

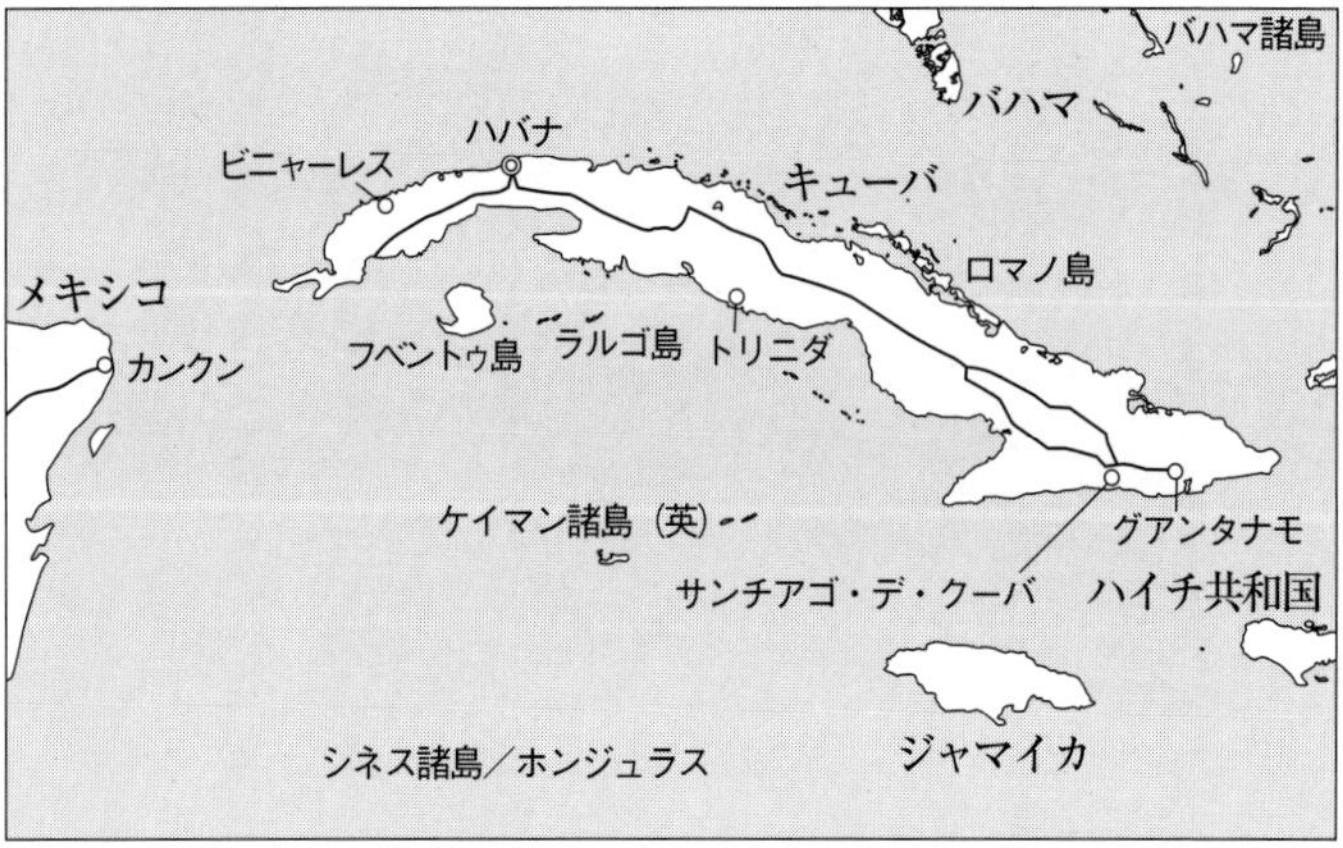

キューバの首都ハバナ（正式名称はSan Cristobal de La Habana）にある旧市街である。一六世紀、スペイン統治時代につくられたこの街には、当時の情緒ある雰囲気が今も色濃く残っており、ユネスコの世界遺産にも登録されている。最近では、政府が観光を促進しており、外国人向けの観光ポイントも多く、旅人を魅了している。

二〇一一年六月末、呑気にハバナの旧市街を歩いていたぼくは、通りの一角で違和感を覚える光景に出合った。賑やかな通りから少しだけ外れた場所に腰掛けるおじいさん。アパートの入り口にしゃがみ込み、通りを行き交う人々に手を差し出して、お金を無心している。ときどき、通行人が目を向けるが、結局そのまま通りすぎていく。失望するでもなく、悲しむでもなく、おじいさんは蝋人形のように無表情を決め込み、じっとその手を宙に浮かべたままだ。

情熱的で開放的な雰囲気を漂わせるこの街では一種異様な感じがしたが、このおじいさんの姿こそが変わりゆく社会主義国家キューバの現状を表している。

国営クバーナ航空の洗礼

待てど暮らせど、電光掲示板の文字は「遅延」のままだった。空港に着いてからすでに一二時間が経過している。いつゲートが開くかまったく分からないから、その場を離れるわけにもいかない。何回掲示板に目を向けただろう。ほかの乗客たちも、掲示板を見てはため息をついていた。

深夜一一時、メキシコのカンクン（Cancun）空港。搭乗予定のキューバ国営クバーナ航空からお詫びという形で提供された空港のインターネット利用期限はとっくに切れた。手持ちのラップトップで映画も観た。本も読み飽きた。あまりにも暇だったので、そのうち妄想にもふけってみた。

ウエイティングルームで見かけたスタイル抜群のラテン女性に声をかけ、空港のレストランでともに食事をし、「一緒にキューバを巡らないか。いいカクテルを出す隠れ家的バーを知っているからさ」なんていう会話を楽しんだ——こんな妄想に浸って一人でニヤニヤを繰り返していたころ、ようやく搭乗ゲートが開いた。

小さな旅客機に乗り込み、これからはじまるキューバでの冒険を考えて胸をドキドキさせていると、窓際から突然煙が噴き出した。物資がかぎられているキューバでは、何十年も昔のソ連製の飛行機を修理しながら繰り返し使用しているから、これがこの機体の特徴らしい。別に故障しているわけではないという。

飛んだら飛んだで、機体がガタガタと音を立てて揺れ続ける。高所恐怖症のぼくにとってはたまったもんじゃない。脂汗を出すほどの恐怖を味わいながら、何とか無事にキューバの首都ハバナに着陸した。入国審査を済ませ、ターミナルに入ると、すでに深夜一時をすぎていた。初めての見知らぬ街に、夜間ノコノコと出ていくほどぼくは勇敢（バカ）じゃない。空港ロビーの片隅

植民地時代の建築物が今も残るハバナの旧市街。世界遺産に登録されている

で寝袋にくるまり、これからはじまる取材への不安を抱えながら仮眠をとることにした。

後日、キューバの地方都市で自称ミュージシャンの日本人旅行者と出会った。彼もぼく同様、夜間に到着したという。しかし彼は、すぐさまタクシーで市内に繰り出した。宿を探しているとうしろから若い男が現れ、ギターと小荷物を奪われてしまったそうだ。空港で朝を迎えることにして本当によかった。

社会主義と資本主義

キューバはカリブ海に浮かぶ小さな島国だが、世界中から注目を集めてきた。英雄チェ・ゲバラや、その後、長く政治を司ることになった国家元首フィデル・カストロ(3)が一九五九年にキューバ革命を起こし、社会主義体制を敷いたからである。基本的に同じ社会主義国家としか経済取引を行わない社会主義体制では、政府が巨大な主導権を握り（しばしば独裁体制を敷く）、経済や医療、教育などすべての分野を管理している。多くの場合、私企業や私立学校は存在せず、国家が国民の生活のあらゆる局面を保障している。

たとえば、キューバでは医療費は完全に無料である。長期的な発展のためには高度な医療技術が欠かせないと説いた政府の努力が近年ようやく実りはじめ、世界の要人がキューバまで治療を受けに来るほどまでに成長した。また、優秀な医学生を世界中から集め、無料で医療技術を伝えたりもしている。そんな学生たちが母国に戻って医者として活躍しているから、医療分野においてキューバは成功していると言える。

庶民の生活をのぞいてみると、五〇インチの液晶テレビを所持し、高級車を乗り回しているようなことはない。しかし、誰もが一定の生活ができるよう国による配給制度があるため、この国で餓死者が出ることはない。

全国民が平等に暮らすことが建前となっているこのシステムは理想的なようだが、その反面、人間が本来もちあわせている競争心をそぎ落としてしまっている。人は他者に負けたくないために努力をするし、ライバルがいるからこそお互いに刺激しあって成長することができる。競争原理が排除されてしまった社会主義体制では、人は努力を怠り、他人任せになりがちとなり、堕落する習慣が身に付いてしまうものだ。

資本家がもつお金が流動し、強い競争力をもつ者が経済活動を牽引していくことが発展につながるとする西側の資本主義諸国は、独裁体制下で運営される社会主義の考えを否定したため、アメリカ主導の資本主義国家群とソビエト連邦を筆頭とする社会主義国家群が対立するという構造

（3）（Fidel A lejandro Castro Ruz・一九二六〜）キューバ革命を主導。以降、国の最高指導者として社会主義政策を推進してきた。共産党独裁政治を敷き、アメリカと対立。核ミサイルをキューバに運び、アメリカと一触即発状態となったキューバ危機は有名。ＣＩＡから命を狙われていた。

が生まれた。両陣営はいがみあい、ご存じのように「冷戦」と呼ばれる状態が長く続いた。

その結果、アメリカは隣国キューバを経済的、軍事的に包囲し、孤立させてきた。ソ連の崩壊以降、とくにキューバには物資が入らなくなった。しかし、そのおかげで国民は壊れたものを直す技術を身に付け、モノを大切にする習慣をも身に付けたので、悪い面だけではないとぼくは思っている。

現在もアメリカ軍は、アフガンやイラクの政治犯容疑者（冤罪も多い）をグアンタナモ基地に収容している。ここに基地を置くことで、いつでもキューバに侵攻できることを示し、同国政府を威圧しているのだ。

キューバとの経済的な交流を拒否するアメリカからは、キューバに直接飛ぶ航空路線がない。最近はアメリカ人旅行者も増加しているが、建前としてはキューバへの旅行は禁じられている。世界的に評価が高いキューバの葉巻やラム酒を、旅行者がアメリカに持ち込むことも認められていないというのが実情である。

その背景には、アメリカ東南部のフロリダ州に暮らす亡命キューバ人の影響が強いということがある。キューバ政府と意見が分かれ、粛清の対象とされた要人や、不自由な社会に辟易した人々がボートに飛び乗り、命からがらアメリカに亡命を果たすといったケースが後を絶たない。心の底からキューバ政府を忌み嫌う移民のなかには、アメリカ政府にも影響を及ぼす実力者が存

ハバナの革命広場には巨大なチェ・ゲバラの壁画があるが、客寄せパンダにも見えてしまう

市民が使用する路線バス。旧型のバスをいまだに利用している

在し、キューバ政府を転覆させるために圧力をかけ続けているようだ。両国の関係は徐々に改善してはいるが、いまだ複雑な感情を抱く亡命者が多いのも事実である。

長距離バスに飛び乗って

空港からハバナ市内に出たぼくは、その足で長距離バスターミナルに向かい、西部にある小さな村ビニャーレス（Vinales）に移動することにした。ビニャーレスはタバコ栽培が盛んな農村で、大都市にはないゆったりした時間が流れている。村のバス乗り場に到着すると、周辺の小さなカフェやレストランのオープンテラスに腰掛けた旅行者らしき西洋人の姿が目に入った。旅人は、きっと午前中からラム酒を飲み、午睡をしてリラックスするのだろう。

タバコ栽培の盛んなビニャーレス。馬や牛が至る所で働いていた

しかし、ぼくにはのんびりするだけの余裕がなかった。当時のぼくは、貧困や不安定な社会情勢のもとで逞しく生きる子どもたちをテーマにした「世界の学び舎」というシリーズを月刊誌で連載していた。次はキューバにしようと編集者に伝えていたから、早速、取材を開始しなければ

ならない。

　しかし、ぼく自身の調査不足が招いた結果だが、キューバに到着してみると翌々日からすべての学校が夏休みに入り、再開は何週間もあとであることが判明した。「六月末から学校が夏休みに入ってしまうなんて旅行本に記載されていないし！」と叫びたい気持ちでいっぱいだったが、とにかく急がなければならない。それにしても、空港で浪費した一二時間が悔やまれた。

　ビニャーレスに到着してからのぼくは、ずっと焦りっ放しだった。小学校を訪れてみたが、学期末のテストで取材どころではない。さらに、キューバでは学校はすべて国立だから、「中央政府の許可が必要だ」と校長先生に取材を拒否されてしまった。

「縦割りの官僚主義は大嫌いだ！」と怒っても仕方がない。村にある別の小学校も試験中のためまともな取材ができなかったぼくは、この地での取材は不可能だと判断して、またもや長距離バスに飛び乗って西から東へと移動した。

　ハバナを通過し、到着したのは島の中部にある世界遺産の街トリニダ（Trinidad）である。この街の大部分の道は、馬車の車輪を泥にとられないように石畳で覆われている。民家には大きな中庭があり、昔ながらの趣をしっかりと残している。トリニダは、一八世紀に砂糖の生産で繁栄を極めた中世の雰囲気を漂わせる古都だ。しかし、その一方で、アフリカから連れてこられた黒人の売買が行われていたという暗い歴史ももっている。

この街が、ぼくにとっては最後の希望だった。ここで取材できなければネタがなくなってしまい、大きな迷惑をかけることになってしまう。誌面に穴を開けた男として一生ののしられ、金輪際、その出版社からは声がかからないだろう……。

あまりのプレッシャーから胃が痛くなってきた。すべてを捨てて、このままキューバ国民になってしまおうか。キューバからの亡命者は後を絶たないが、キューバに亡命する日本人はぼくが初めてになるかもしれない。

小さな住居と畑を国からもらって、サトウキビを栽培する。陽が昇れば起床して、陽が沈むまで畑仕事をする。器量よしの奥さんとかわいい娘を連れて動物園にピクニックに行き、和気あいあいとお弁当を食べるのがささやかな贅沢。国の財政が厳しい今、決して裕福な暮らしは期待できない。でも、ラム酒があれば大丈夫……。一年に一度のフェスティバルでは、歌と踊りとラム酒で盛り上がる。キューバの生活は意外といけるかもしれない——いかん、いかん。締め切りに追われているからと

かつて奴隷売買が行われていた教会前のサンティシマ（Santisima）広場。今は市民の憩いの場となっている

世界遺産に認定されているトリニダ。観光客も多く訪れるものの、決して裕福な街ではない

いって、妄想世界に逃避してしまうとは。

キューバには、一般市民が観光客に部屋と食事を提供する「カサ・パルティクラル（Casa Particular）」と呼ばれる制度がある。ホテルよりもずっと安いので、キューバにいる間はずっとカサにお世話になった。

宿泊を決めたトリニダのカサの中庭で地図を広げて小学校を探していると、事情を知った家主の親戚であるグレゴリオさんが、「明日はまだ小学校が開いているから案内してあげるよ」と片言の英語で提案してくれた。しかも、校長先生を知っているという。

意気消沈、周章狼狽気味だったぼくは、「オーゴッド！」と叫んで彼に抱きつき、口づけしたいほどの歓喜に包まれたが、胸毛ボウボウ、お腹ポッコリの兄貴にキスをする趣味をもちあわせていなかったことを思い出した。もし女の子だったら、勢いよく飛びついて頬をぶたれ、翌日の取材もご破算となっていたかもしれない。

翌朝、不安から熟睡できなかったぼくが寝ぼけまなこで部屋の外に出ると、空には快晴が広がっていた。キューバ型社会主義の特徴の一つは、カトリック信仰を認めたことだろう。(4) イエス様

（4）革命後、宗教活動は制限されたものの、カトリック教会は根強く生き延びた。そして一九九二年、キューバ政府は信仰の自由を憲法に盛り込んでいる。

はぼくを見捨てなかったようだ。約束の時間にグレゴリオさんが現れた。

学校を訪れると、校長先生が快く迎えてくれた。教室には肌の黒い子、白い子、髪の色の濃い子、薄い子、目が青い子、茶色い子がいる。人種が交わるこの国には多種多様の顔がある。カストロは人種による差別を徹底的に排除し、平等な社会を追求したのである。

国が力を注いできたためキューバの教育水準は非常に高く、そのうえ医学部を含むすべての教育費が無料となっている。ほとんどの生徒が大学に進学するし、それ以外の生徒も必ず専門学校で手に職をつける。労働こそがもっとも高貴で美しいと考える社会主義国

カサで用意してもらったボリューム満点の食事。とても美味しかった！

携帯電話やインターネットの普及が進んでいないキューバでは公衆電話が大切なコミュニケーションツールとなっていた。現在は広まっている

果物が豊富なキューバでは、バナナやパイナップルを販売する店が多い

トリニダの中心部にあるサンティシマ教会。多くの場合、カトリックの国では教会を中心に街が形成されている

トリニダ郊外に出ると、サトウキビ農園の跡が残されている。写っているのは、農園主が奴隷達を監視するために造ったマナカイスナガの塔

家では、子どもが将来しっかりと国のために働けるように、みっちりと教育を行っている。

さらに学校は、夏休みに生徒たちをボランティア活動に従事させる。その結果、生徒たちは早いうちから家族や社会に貢献することの大切さを学び、自らの存在は控えめにし、周りを尊重する献身的な心が育っていく。ここには、イデオロギーを越えた正しい人間生活の真理があるような気がしてならない。

校長先生は、試験期間中だというのに好きなだけ取材をさせてくれた。テスト用紙に向かう生徒たちはみんな真剣そのものだが、ぼくがカメラを向けると恥ずかしがって俯いてしまう少女もいた。一方、試験中にもかかわらず、ポーズをつくってくれるやんちゃな少年もいた。

いやはや、生徒たちには申し訳ないことをしてしまった。でも、案内してくれたグレゴリオさんや先生たち、そして生徒のおかげで素晴らしい写真が撮れた。ぼくの取材はいつも誰かに助けられている。感謝しっ放しだ。

試験を受ける生徒の前で一緒に悩む教師。ぼくにもこんな先生がいたらよかったのに……

トリニダの小学校。様々な人種が混じっている。人種差別をなくしたカストロの思想には学ぶべき点も多い

戦闘機が飛び交う校舎に描かれた衝撃的な壁画。革命を表しているのだろう。レボリューション（革命）万歳との標語が様々な場所に書かれていた

（上）教室の壁にもチェ・ゲバラの肖像が張られている。この子ども達のなかから、チェのように世界を変える人物が現れるかもしれない

（右）キューバ第２の都市サンチアゴ・デ・クーバの大聖堂で祈りを捧げる女性。国民の約４割はカトリックを信仰している

恐るべしハバナのバー

学校の取材を無事に終え、キューバ各地に赴き、写真を撮り終えてハバナに戻ってきたぼくは、この国最後の目的であるバー巡りをはじめた。それはお酒が好きだから、という理由のほかに、文豪ヘミングウェイ(5)が愛したカクテル「マティーニ」と「モヒート」を賞味するためである。ヘミングウェイは晩年をハバナで過ごしており、『老人と海』を書き下ろした別荘は今もハバナ郊外に残っている。いずれはぼくも、彼のようにキューバに別荘をもち、傑作をしたためることになるだろう。下調べをしておいても損はない。

街中を巡りながら、ハバナ大学まで来てキャンパス内のベンチで足を休めていたときだ。大学教授だという二人組のおじさんがスペイン語で話し掛けてきた。フィデル・カストロが学生時代に愛飲したカクテルを一緒に飲まないかと誘っている、という気がする。

カストロ議長は、最高学府であるハバナ大学で法律を学んだ秀才だ。それならぼくも一度飲んでおこうと、飴玉をもらった子どものようにホイホイついて行くことにした。

約一〇分でバーに到着。アンティーク調の家具が並べられていて、古くからある飲み屋らしいことはまちがいない。学生たちの姿も多く、おじさんたちが嘘をついているとは思えない。

彼らが注文したのは「ネグロン」と呼ばれる黒いカクテル。ブラックラムとコカ・コーラでつくったモヒートだろうか、バジルのようなハーブとコカ・コーラがさっぱりとして何とも爽快であった。「ムイ・リコ！（旨い）」覚えたてのスペイン語で大絶賛すると、おじさんたちも「ほら、一緒に来てよかっただろう」と、したり顔で言っていた。

拙いスペイン語で会話をしながら立て続けに数杯飲んだところで、赤ら顔になったおじさんたちは「では、あとは任せたよ」と素知らぬ顔で店を出ていってしまった。

（５）（Ernest Miller Hemingway・一八九九〜一九六一）アメリカ出身の作家。フリーの記者時代を経て小説家に転向。一九五四年に『老人と海』でノーベル文学賞を受賞。『日はまた昇る』、『誰がために鐘は鳴る』、『武器よさらば』など多くの名作を残している。

ハバナのバーでキューバ産の葉巻をふかすおじいさん。観光客用の上質な葉巻は国内でも高級で、一般市民では手に入らない

左はキューバ特産のサトウキビでできたラム。右はミントが特徴のモヒート。日本で飲むモヒートと比べると味が濃厚で美味しい！

「へ？　これ全部ぼくが払うの？」と戸惑うと同時に、「カモられた」と気が付いた。結局、支払わざるをえず、何だかモヤモヤした気持ちを抱え、俯きながら炎天のもとトボトボと宿に戻った。

二重通貨制度とその落とし穴

キューバの通りを歩いていると、ピザやジュースを売っている小窓を頻繁に見かける。店の前に並んでいるのは観光客ではなく、現地の住民である。面白そうなので、ぼくも並んでピザを買ってみると、大量のお釣りが返ってきた。

この国には、旅行者が使用する兌換ペソ（CUC《クック》）と、現地の人が使用する人民ペソ（CUP《クップ》）がある。通貨価値は、クックがクップの約二四倍。一杯のコーヒーが一クップだとすると、一クック出せば二四杯のコーヒーが飲めるということである。

旅行者はクックの流通店でのみ買い物ができ、クップを使うキューバ国民の店では購入できな

ネグロン。ジャブを打つようにちょっとした悪だくみをしてくるハバナの人達。でも美味しかった

いことになっている。しかし、その線引きは曖昧で、旅行者がキューバ国民の店で買い物をしても咎められることはない。逆に、海外での生活ぶりや製品の豊富さを知ったキューバ国民は、より価値の高いクックを手に入れようとしている。先に触れたカサ・パルティクラルも、国民がクックを入手するための制度と言える(6)。

一九八九年、ベルリンの壁の崩壊を機に東西冷戦の時代は終わりを告げた。ソ連が崩壊すると、その余波は世界中に広まり、社会主義国家は衰退して資本を受け入れざるをえなくなった。キューバも同様で、近年、市場を開放しつつある。とくに、二〇〇八年にフィデル・カストロが権限を弟ラウル・カストロに移譲してから、その流れは加速した。

資本家にとっては、こうした新興市場は大きなビジネスチャンスとなる。最近の欧州企業の進出は目を見張る勢いで、ハバナには欧州メーカーの新車があふれるようになった。キューバの見所とされた現役のクラシックカーは、一部ではもはや観光客の目を楽しませるおもてなしにすぎないとまで言われている。政府も、外貨獲得のために観光産業に力を注いでいるというのが実情である。

---

(6)　二〇一三年一〇月、キューバ政府はこの二重通貨制を廃止することを発表した。ただし、どのようなプロセスを辿るかに関しては未定のままとなっている。

本屋のおじさん。ぼくが日本人だと分かると「この本は日本についての本だ。どうだい買わないか？」とすすめられた、と思う。本を読む必要がないぐらい日本に詳しい気でいるぼくは購入をやめておいた

クラシックカーのある風景。日本に持ってきて商売しようかな。いかん！　本業を忘れてしまった

上が CUC（兌換ペソ）。下が CUP（人民ペソ）両方ともチェ・ゲバラの肖像が印刷されている

市場がさらに開放されれば外国企業が競って進出し、キューバ国民には新たな就業機会がもたらされる。職業選択の自由が生まれ、努力すればするほど裕福になれる時代が到来しつつある。それは閉鎖的な社会に新しい風を吹き込み、一部の人々にとってはまさに「春到来」となろう。

しかし、弊害も顕著となっている。一流大学を卒業したエリートたちは、価値の高いクックを手に入れるため、国の機関ではなく外国の企業に就職してしまう。うまくいけば、外国に飛び出していくという機会も得られる。これは国の知識の流出にほかならず、国内産業の競争力を弱めることにつながり、いずれは外国資本に吸収されるという危険をともなうことにもなる。優秀な人材が不足する国の将来ほど危ういものはない。人材とは国の財産であることを認識しないと、国のアイデンティティすら失いかねない。

外国企業で働き、外国人を相手にビジネスのできる若者たちはまだいい。障害を負っている者や高齢者など、社会

カストロやチェ・ゲバラが1953年に襲撃したサンチアゴ・デ・クーバにあるモンカダ兵営博物館。襲撃は失敗に終わったが、この事件をきっかけに革命が始まった

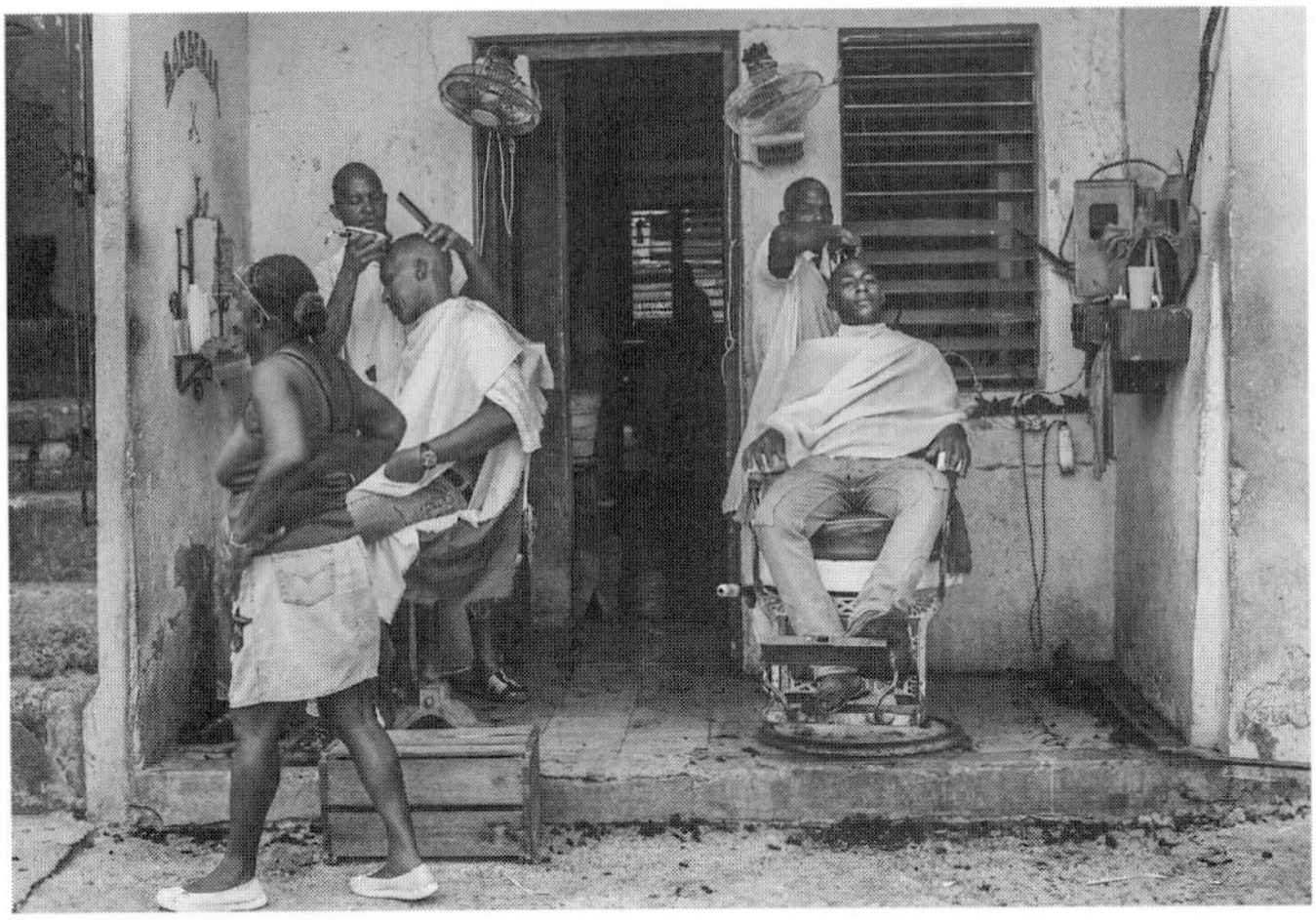

オープンカフェならず、オープン床屋。道行く人にスタイルチェックまでしてもらえるサービス付きだ

海に飛び込んで遊ぶ少年。首都にあるとは思えないほど美しい海が広がっている

音楽の街として有名港町サンチアゴ・デ・クーバの街並み

的に不利な立場にある場合はそのチャンスすらめぐってこない。たしかに、教育水準は世界のトップクラスとなったが、それは近年のことでしかない。現在の老人が子どもだった革命後からこれまでの間、同国は試行錯誤を繰り返し、ずっと低迷を続けてきた。

ぼくがハバナの通りで見かけたおじいさんは、モノやお金があふれはじめた社会のなかで、取り残されないよう必死に旅行者からクックを手に入れようとしていたのではないだろうか。ぼくは、資本が流入することで貧富の差が拡大し、チェ・ゲバラやフィデル・カストロが目指したキューバの理想である「平等な社会」が崩壊しつつあることを感じていた。

物乞いをするおじいさんは、どんな気持ちで毎日旅行者を見つめているのだろう。国のために身を粉にして働き、子どもを育て上げ、ゆっくりと幸せな老後が過ごせると思っていたのではないだろうか。ぼくはそっと近づいてシャッターを切った。「カシャン！」、ぼくとおじいさんの距離が少しだけ縮まったような気がした。

ハバナの通りでおカネを無心するおじいさん。外国人に声をかけ、無理におカネを使わせようとするスレタ商人にはハバナ以外では出会わなかった

4 砂漠化する地球

「ジー、ジー、ジー」ベッドの下や天井に張り付いた虫の鳴き声がうるさくて眠れない。それに暑すぎる。陽が落ちて多少涼しくなってきたとはいえ、じっと横たわっていると汗がにじみ出てくる。窓を開けて風を入れたいところだが、蝉に似たこの虫がさらに増え、鳴き声がオーケストラ級になるかもしれない。それに、到着したばかりのこの宿が安全かどうかも分からない。明日からの取材のため、何とかしてひと眠りしておきたいところなのだが……。

二〇〇九年六月、消滅しつつあるアラル海（Aral Sea）の現状を取材するためにウズベ

キスタン共和国を訪れた。首都タシュケント（Tashkent）から西部の都ウルゲンチ（Urgench）へは、寝台列車を使用した。乗客は英語が話せない現地の人ばかりなのでコミュニケーションに多少苦労したが、隣の寝台席にいた家族がハムやチーズ、ナンなどの食事をご馳走してくれたり、下段ベッドにいた青年がゲームを貸してくれたりして、とても楽しい移動となった。

それに、車窓にはシルクロードが広がっている。といってもただの砂漠だが、そこは何千年も前から人々が貿易路として利用してきた道である。ラクダに乗ったキャラバンが行き来していたのだろう。そんなことを想像していると、あっという間に時間がすぎてしまった。

翌日の正午前、ウルゲンチ駅に到着。次の目的地までのバス乗り場を尋ねてみたが、みんな違うことを言って当てにならない。ウロウロしていると、一人の男が「俺の車でバス停まで連れていってやるよ」と声をかけてきた。とっても疑わ

車窓から眺めるシルクロード

しい。とはいえ、いくら探しても埒があかないので乗車してみると、何てことはないただのタクシー乗り場に連れていかれた。

タクシーといっても、日本のようにメーターが付いているわけではなく、値段は交渉によって決まる。それに、ほかの客も乗せる「乗り合いタクシー」である。

二〇時間弱の長距離移動で多少疲れていたぼくは、バスを諦めて運ちゃんと交渉し、タクシーで移動することに決めた。ほかの客も乗せるから安心だろう。クーラーがないから窓は全開だ。

砂漠の風を楽しむこと数時間、ウルゲンチとムイナク(Muynak)のちょうど中間地点にあるヌクス(Nukus)の街に到着した。ここで一泊し、翌朝、バスで北へ約二時間移動し、かつて港町として栄えた町ムイナクに到着した。バス停に降り立つと、客待ちをしているタクシーをつかまえてホテルに向かった。

夕陽を浴びる寂しげなムイナクの街並み

砂漠のホテル「アイベク」

　運ちゃんに紹介されたのは、町に唯一あるホテル「アイベク」。どんなホテルかとドキドキしながら行ってみると、外観は意外と立派で安心した。しかし、やっぱり内部は非常に残念な様子であった。

　洗面所の水道は出ないので、歯を磨くためだけにわざわざホテルの外に出なければならない。水が出ないからトイレも外。離れにあるトイレはもちろん穴を掘っただけの「ぼっとん便所」。シャワーはあるにはあるが……これがとっても突飛。頭上に釣り上げたドラム缶に小さな穴が空いていて、そこからこぼれ出る水を浴びる。

　毎回、誰かがドラム缶に水を補充しているのだろう。すごく面倒で、手のかかる原始的なシャワーだが、何だかとてもワクワクしてきた。一日の汗を砂漠のど真ん中にあるホテルの、めちゃめちゃ稀有なシャワーで洗い流すなんて爽快極まりない。

下に見えるのがトイレ。囲いがあるのは救い

もっとも、汗をかいても乾燥しているから臭くならないし、それほど不快でもない。毎日浴びる必要もないだろう。そもそもぼくは、一週間シャワーを浴びなくても大丈夫なことを身をもって確認済みである。

アフガンの砂漠地帯にいたときのこと。移動続きだったうえに、レストランに宿泊していたためシャワーを使う機会がなかった。三日目までは頭が痒くなり不快感が続いたが、それをすぎたあたりからはそれほど気にならなくなった。またチベットでは、一生に数回しか身体を洗わない人もいるというから、乾燥地帯ではシャワーなどそれほど重要ではないのだろう。

ホテル「アイベク」の唯一の問題は、虫だらけの部屋。幸い南京虫やダニなどに噛まれる被害はなかったが、とにかく部屋の中では虫の大合唱が続いた。こんなんだから、旅行者なんているはずもない。

そんなホテル「アイベク」だが、驚くべきことに意外と部屋は埋まっていた。隣町に油田の採掘所があり、そこで働く労働者たちが滞在していたのだ。彼らは、夕方になると汚れた作業着姿で戻ってきた。どうやら、中国の企業が進出しているようで、労働者たちはその企業に雇われたウズベキスタン人のようである。

ホテルのオーナーとその弟は英語がまったく話せないし、油田の労働者たちも全然ダメだから、コミュニケーションをとるのもひと苦労だった。近くにレストランや商店は見当たらず、まさに世界の最果ての宿といった感じである。

夕食を用意してもらいたいと身ぶり手ぶりでホテルのオーナーに伝えたところで、移動続きで疲労困憊していたぼくの体力は限界に達していた。飯を食べ、さっさと眠ろうとベッドに横たわったのだが、やはり虫の鳴き声がうるさすぎる……。このあと、虫を退治しようと起き上がり、三匹を捕まえたところでギブアップ、そのまま力尽きてしまった。

縮んでいく湖

アラル海は「海」と呼ばれているが、中央アジアのウズベキスタン共和国とカザフスタン共和国にまたがる巨大な湖である。両国がソビエト連邦に属していた時代、世界で四番目に大きい湖だったが、近年では縮小する一方でいずれ消滅してしまうという危険がある。

ムイナクの町は、かつてアラル海に浮かぶ島で、人々は漁業を生業とし、年間四・

船と魚が描かれた看板。港町であったことを物語っている

五万トンもの漁獲高を上げていた。一九六〇年代の最盛期には一〇万人の人口を抱えていたが、湖が縮小してしまった現在では漁業は完全に廃止され、水不足に悩まされる町からは人々が離れ、人口は八〇〇〇人以下にまで激減した。ぼくが訪問したとき、活気を失ったムイナクはまるでゴーストタウンのようにひっそりと静まり返り、残された人々はまるで世界の終わりを待っているかのように希望を失っていた。

翌朝、まずレストランを探した。宿を出ると、露出している肌がヒリヒリするほどの強烈な陽光が地上を照らしている。ぼくは体質的に色素が薄く、肌が白い。はっきり言って、軟弱そのものである（中身も十分軟弱だけど）。だから、少し陽に当たっただけで肌は真っ赤になり、火傷したかのようになってしまうから大変だ。

さらに厄介なのは、陽焼けをしてしまうと、周囲の人からなかなか日本人だと認識してもらえないことだ。目が奥二重で、鼻が大きく、唇が厚いせいもあるのか、マレーシア辺りの東南アジア人とぼくはよくまちがえられる。

トルコ航空に乗っているとき、隣のおやじに何度も何度も「君はフィリピン人だろう？」と質問されて困った。成田空港では、日本人の職員でさえ英語でぼくに質問をしてくるから始末に負えない。そんなわけで、なるべく陽に当たらないように日陰を歩きたいのだが、いかんせん隠れる所がない。砂漠の日光は、ぼくを照り焼き状態にした。

砂漠のど真ん中にあるムイナク周辺では、この時期、日中の気温が四〇度を超える。水分を十分に取らなければ熱中症になるためミネラルウォーターは必須だが、宿の周辺には民家しかない。舗装された目抜き通りを約三〇分、汗水たらしてヒイヒイ言いながら歩いていくと、前日到着したバス停に辿り着いた。

その側にあったのは、閉ざされた市場と二軒のレストラン、それに小さな売店だけだった。大都会であれば誰も見向きもしないような細々と経営される店だが、喉の渇きを癒すには十分以上の水と、キンキンに冷えたビールまで売っていた。まるで大砂漠のオアシスのように見えて、思わず逆立ちしてしまうところであった。

毎日ここまで歩かないと飯にありつけないのか、と思うとちょっと憂鬱だったが、とにかく朝飯と昼飯を兼ねてウズベキスタンの代表的な料理プロウ（ピラフ）をレストランで食べ、向かいの売店に入った。そこで、ぼくは一人の女学生と再会した。ヌクスまでのバスに乗っていた彼女とは、道中、少しだけ話をしていた。

彼女はタシュケントの大学に通う学生で、久しぶりに実家のあるムイナクに帰省するところだと言っていたが、まさかこの売店で働いているとは……それに、こんなにすぐに出会うなんて。彼女との運命を感じてなれなれしく話すが、彼女はちょっとよそよそしい。いや、すっごく訝しんでいる様子だ。

「そもそも、あなたはこんな僻地で何をしているの」と、ぼくをどこかの工作員か何かと怪しんでいる。「こんな所に来る旅行者なんていないわ。私だって、こんな所に帰ってきたくないもの」と、砂漠の王に囚われたお姫様はいつも外の世界を夢見る。そんなお姫様を解放する空飛ぶ絨毯も、魔法のランプも持っていないぼくは、俯いて店を後にするしかなかった……。

町の北通りには、断崖絶壁が続いていた。崖の高さは一五メートルほどだろうか。崖の下は、ただただ黄土色の砂漠が広がるのみである。多少の草も繁っているが、崖の上から見えるのは果てしない砂漠の地平線である。

炎天下のなか、喉を嗄らしながら歩き続けると、赤茶色に錆びた数隻の船が砂漠の果てに見えてきた。砂漠に横たわったまま放置された船。普段、水上に浮かんでいる船を砂上で見るというのは異様な雰囲気である。映画のセットのように見えるが、そうではない。かつて、この場所が港であり、この崖が湖岸だったのだ。

数十年前、この港は漁船であふれ、漁師たちは毎日のように漁に出た。町の市場には、漁師たちがその日捕った新鮮な魚が並べられ、町は栄え、人々には笑顔があふれていた。そんな繁栄が、ある朝、終わってしまった。

その朝、漁師たちが漁に出ようと港に向かうと水は干上がり、湖底が姿を現していたのだ。水岸は数百メートル先に移動しており、座礁した船を移動するための資金を集めるのは容易ではなかった。諦められてしまった船はそのまま放置され、朽ち果ててしまった。そんな船が集まる所が、いつしか「船の墓場」と呼ばれるようになった。

話を聞いた五六歳のセイロイさんは、「子どものころは、ここから水に飛び込んで泳ぎ回っていたものだよ。今でも目を閉じれば、水であふれ、漁業で栄えていたころを思い出すね」と、昔を懐かしんでいた。

町の人は漁業を捨て、牧畜を営むようになったのだろうか、陽に照らされた船の残骸のそばで、山羊を放牧する姿がもの悲しい雰囲気を深めていた。

二〇世紀最大の環境破壊

中央アジアがソビエト社会主義共和国連邦

鉄くずや使用できる部分を持っていってしまうと、骨となった廃船が残った

に属していた一九五〇年代、ソ連政府はカザフスタン側の流入河川シルダリヤ（Syr Darya）川と、ウズベキスタン側の流入河川アムダリヤ（Amu Darya）川を農業用水として利用するため、大規模な灌漑・開拓事業を進めた。綿花や稲作が盛んになったが、その結果、アラル海の水位は下降し、一九六〇年代には六万八〇〇〇平方キロメートルもあった内陸湖の面積は二万平方キロメートル以下にまで縮小してしまった。

カザフスタン政府はシルダリア川を堰き止めてダムを建設し、辛うじてアラル海を維持しているが、もう一方のウズベキスタン政府は諦めてしまい、ウズベキスタン側のアラル海は干上がりつつある。

現在、アラル海の海岸線はソ連時代よりも一五〇キロも先に移動してしまっている。人為的なこの失敗は世界を震撼させ、「二〇世紀最大の環境破壊」とも呼ばれている。

ソ連の灌漑政策は新たな産業を生み出して一時的な繁栄

砂漠に育つ草を食べてにきた山羊。人々は牧畜を営むようになった

を導いたが、同時にアラル海を縮小させ、沿岸の人々を苦しめてしまった。ムイナクの漁師は、職を求めるためにロシアやカザフスタンに出ていき、町の過疎化が進んでいる。アラル海を見たことのないムイナク生まれの若い世代も、「この町にいても仕事がない」と考え、町を離れる決意を固めているようだ。

拳銃を乱射する不審者？

満天の星空を背景にして砂漠の船を撮影しようと、夜にもう一度そこに戻った。といっても、一人ではない（一人で行くのは怖い）。街灯がないから道に迷うかもしれないし、野犬が出るかもしれない。悪漢がいないともかぎらない。英語が何とか通じるホテルのオーナーの親戚、アブラモフ君に同行してもらった。

二〇時すぎ、高校生のアブラモフ君がホテルにやって来ると、ぼくたちは船の墓場に出発した。道中は真っ暗で、右も左も分からない。ホテルの裏はすでに砂だらけ、つまり砂漠が広がっているから、本当に方向感覚がつかめなくなってしまう。アブラモフ君だけが頼りだ。

崖を下りていき、どの船を撮影するか懐中電灯を当てて決めると、三脚を立ててカメラを固定した。星を写し込むためには、最低三〇秒間はシャッターを開けたままにしなければならない。手持ちでは確実にブレてしまうから三脚が必須となる。重たい三脚を日本から必死の思いで担いできたのは、この撮影のためなのだ。

ヘッドランプを装着して、カメラを照らしながら画角やシャッタースピードを調整していると、虫たちが「ビシ！　バシ！」と顔面めがけて突撃してきた。光に向かって飛ぶ昆虫の走光性だ。のんきに口を開けていたらバッタが飛び込んできて、ぼくは半分ぐらいくわえてしまった。「ぐえ！」と嗚咽し、涙をこぼした。こんな枯れた大地にも生命はあふれているのだ……大自然は不思議の塊である。

虫たちの攻撃を受けながらカメラを調整していると、重たいものが砂地に落下する「ザク！」という嫌な音がした。慌てて照明を当てると、カメラに装着したはずの広角レンズが半分砂に埋まっている。三秒ルール（食べ物を落としても三秒以内に拾えば食べてよいという大昔の偉人による大発見）よろしく、ぼくは慌てて拾い上げたが、内部にまで細かい砂が入り込み、フォーカスリングを回すとジャリジャリという音がした。カメラのレンズには三秒ルールが通用しないらしい……。

新品なら二〇万円以上はするキヤノンの広角レンズが海の藻屑、いや砂漠の砂屑となってしまった。再び、ぼくの目からは大粒の涙がこぼれ落ちた。その涙が枯れた大地を潤し、砂漠緑化に多少でも役立ったとすれば、広角レンズお陀仏事故の甲斐もあるのだが……。

広角レンズを諦め、標準レンズを装着してシャッターを切った。三〇秒後、カメラの液晶を確認してみると……星は写っているが船の姿が写っていない！　そりゃそうだ。星は光を放っているが、船そのものは真っ暗闇のなかにあるから画面に出てくるはずがない。

作戦変更！　今度はシャッターを開放している最中、真黒な船に向かって懐中電灯の光を照らした。すると今度は、船がちゃんと浮かび上がってきた。でも、まだまだ満足できる写真ではない。今度はストロボを光らせてみた。納得いく写真が撮れるまで、何度も何度も試行錯誤を繰り返した。

と、そのとき、突然、背後から男が忍び寄ってきた。空気が張り詰め、不安がよぎる。レンズがダメになったうえに暴漢にまで襲われたらたまらない。こんな世界の辺境の、しかも砂漠のど真ん中で襲われたら、ぼくは身元不明の無縁仏として人生を終わることになるかもしれない……。

フォトジャーナリストという仕事は、肉体労働もともなうし、怖い思いをすることもしょっちゅうである。海外取材に出ると、「こんなに怖いのに、なぜここにいるんだろう？」としばしば自問してしまう。もちろん、「引き返そうかな」と弱気になるときもある。本当に嫌なときはすぐさま逃げるが、足が前に進んでしまうことが多いのも事実である。

なぜ、ぼくは写真を撮っているのだろう？　凄い写真を撮って有名になりたいから？　歴史的瞬間に立ち会いたいから？　女の子にモテたいから？　お金が欲しいから？　そのどれもが理由ではあるが、自分の撮った写真が発表され、それが人々の心に届き、社会に何らかの影響を与え、撮影をさせてもらった人々に還元されれば、これほどうれしいことはない。だから、ぼくは写真を撮る。でも、だからといって恐怖が和らぐわけでは決してなく、怖いものは怖いのだ。

足をガクガク震わせていると、アブラモフ君が威嚇するような強い声を出した。

「誰だ⁉　何しに来たんだ？」（たぶん、このように言ったと思う）

きっと、アブラモフ君も不審者が突然現れたので驚いたにちがいない。アブラモフ君の威嚇に男はたじろいだようで、少し会話をするとその場を離れていった。

状況が分からずビクビクしたまま、ぼくはとにかく写真だけは撮り終えた。帰路、アブラモフ君に尋ねると、男は崖の上から怪しい行動をとるぼくたちの様子をうかがっていたのだとい

広角レンズをダメにしても撮った落日の廃船

う。そのうちバシャッと閃光が走ったので、男はますます不審に思ったという。ぼくらが拳銃を撃って、船に穴を開けているのではないかと疑ったそうだ。ストロボの光を拳銃のマズルフラッシュ（火薬が燃える火のこと）と勘違いし、ぼくらを止めに来たのだともいう。

怪しいのはぼくたちのほうだった、というわけだ。何だかおかしくなって、思わず笑顔がこぼれた。それにしても、アブラモフ君がいなかったらどうなったことだろう。彼を誘って、ホントにホントによかったと胸をなで下ろした。

アブラモフ君によると、ホテルに滞在している労働者たちは、想像したとおり隣の村で採掘を行う中国企業の社員らしい。その現場を見るため、翌日に隣村まで出掛けることにした。

町のバス停でタクシーを拾うと、およそ三〇分でウチュサイ（Uchsay）村に到着。ここも昔はアラル海に面しており漁業で賑わっていたが、今は過疎化が進み、ムイナクよりも殺風景な村となっていた。民家が少ないのだが、そもそも現在、人が住んでいるのだろうかと疑問を抱いてしまう。

今にも風に吹かれてタンブルウィード（西部劇の中でよく転がっている回転草）が転がってきそうだ。高台に上ると、完全に水が干上がり、砂漠化したアラル海の所々に油田の炎が上がっているのが見わたせる。

経済の発展にともない、生活はモノにまみれ、ぼくたちはモノがなければ生きていけないと信じるようになった。他人より多くのモノを持ち、もっともっと便利なものを求める。それが幸福だとさえ勘違いするようになり、さらなる利益を求めて経済発展を求めている。

しかし、そのために犠牲にしてきたものは大きい。結局、アラル海の悲劇は、自然が引き起こしたものではなく人間が自ら招いた人災にほかならない。

ウチュサイの村からもアラル海の水際を目にすることはできず、湖の面影はない。タクシーの運転手曰く、「水際までは四駆車を借り切って、半日以上進まなければ辿り着けない」そうだ。

砂漠と化した広大な大地の上に一人立っていると、滅びゆく惑星の上に一人取り残されたような気分になった。砂漠に立ち上る油田の炎が、まるで地球から搾り取られつつある生命の灯に思えてならなかった。

干上がったアラル海に建てられた石油プラント。手前がウチュサイ村

あとがき

海外へ出張する前には、フォトジャーナリストの先輩方が書いた書籍を読んで勉強することが多い。ハイチの場合、佐藤文則氏によって書かれた『慟哭のハイチ——現代史と庶民の生活』（凱風社、二〇〇七年）が非常に参考になった。氏が長年にわたって続けてきたルポルタージュで、人々の生活などが鮮明に描かれているために臨場感があり、ハイチの現状を理解するには大いに参考になった。

本書の製作も大詰めを迎え、「あとがき」の原稿を書いているときに日経新聞（二〇一四年四月二七日付）の書評が目に入った。医者として、三〇年もの長き時間ハイチを支援してきたポール・ファーマー氏による『復興するハイチ』（みすず書房、二〇一四年）が取り上げられていたのだ。氏は、NGOの集まるハイチの現状に疑問を抱いている。政府機関の管理能力が不足しているため、「それぞれがバラバラに活動を展開、政府への不信に拍車をかける結果になっている」としている。支援の裏側にある矛盾などにも焦点を当てたこの本は、今後のぼくの思想にも影響を及ぼすにちがいない。次の機会には、また違った目線で取材ができると思っている。

ところで、本書は「学力向上の会！」が発行する月刊〈エラン誌〉に二〇一一年七月から二〇一二年一二月まで一八回にわたって連載された原稿をベースにして、大幅に加筆修正したものであることをお断りしておく。

二四歳のとき、出版社に勤務していた時代に遭遇した9・11は人生を変えるほどの衝撃となった。翌年に退職し、アフガンを訪問。帰国し、東京で約二年間写真の修業をつんだあと、二九歳で独立し、フリーランスのフォトジャーナリストとしてアジアからアフリカ、中米、そして南米までさまざまな国を駆けめぐって取材活動を行った。

本書を読むかぎり、楽しく気軽に海外取材を行っているように錯覚してしまう読者もいるかもしれないが、取材活動の裏には多くの失敗や痛い経験があり、実のところ散々な目に遭っている。騙された回数は数知れず、病気になったことも多々ある。言ってみれば、いつもボロボロの精神状態であった。

貴重な機材を肩からぶら下げて、見知らぬ街でウロウロと安宿を探すことほど心細いことはない。それが夜となると、なおさら。そのため、海外に到着したその日だけは必ず出発前に安心できるホテルを予約するようになった。

インドへ取材に行った際は、部屋も小奇麗で、安全面にも問題がなさそうな写真を掲載しているホテルをネットで予約した。空港までの送迎サービスもあるから安心だ。デリーの空港で入国審査をすませ、送迎車を見つけて安堵してホテルに向かった。

数十分後、到着したホテルの前で愕然とした。どこからどう見ても、ただのボロアパートにしか見えない。いや、それ以下である。麻薬の取引が行われていそうな、不穏な雰囲気を漂わせている。いつも安宿を利用しているが、ここまで水準を落としたくない。

「きっと、中はきれいにちがいない」と儚い夢を抱き、入り口をくぐった。しかし、細くて暗い廊下を抜けて案内された部屋は、とんでもなく狭くて汚い部屋だった。ジメジメとした湿気のこもる部屋には、染みだらけのシーツが被せられたベッドが一床だけ置かれていた。先客のゴキ君たちが歓迎してくれそうだ。

「あの写真はいったいなんだったのか？」と、ホテルの案内人に文句を言ってももう遅い。騙された……。

バンコクでは、熱と下痢に苦しむなか、航空券を買いに旅行会社に行き、「格安航空券だから絶対に買い！」と店員がすすめるチケットを購入した。満足して宿に戻り、チケットの詳細を確認してみると、空港使用税が二重課金されていた。見事に騙されたが、クレームを言いに戻るだけの体力がどこにも残ってなかった。海外では、こんなことの連続である。

若いころは「一文たりとも騙されたくない！」と気持ちを引き締め、たびたび現地の人とケンカをしていたものだが、最近はちょっと趣旨を変えて付き合うようになった。多少「騙されるかな〜？」と疑念を抱いても、小さいレベルの欺きであれば受け入れる余裕をもつように努力をしている（あくまでも努力だが……）。まあ、カメラ機材などの貴重品を紛失しないかぎりはいいだろう、という程度である。

多少騙されても、面白話のネタに変える力をもたなければならない。何より、最初から「ひっかかるかも……」というゆとりがあれば傷つかずにすむ。ぼくも歳をとったものだ。

何度か危ない目にも遭ったが、機材を盗られたり、紛失したりするという事件にはまだ出合っていない。スーダンに到着後、首都ハルツームの空港で入国審査直後に係官がカメラバッグに白チョークでバツ印を付けた。周りをうかがうと、印を付けられたのはぼくのバッグだけだ。空港から出るときに、再度中身をチェックされるのだそうだ。運が悪いとあくどい係官にあたり、賄賂を要求されたり、中身を没収されたりするとの噂も聞いていた。

スーダンは、うかつに写真も撮れない軍事国家である。機材を奪われたらシャレにならん。こそっとトイレに駆け込み、ティッシュでささっとチョークを消した。何食わぬ顔してセキュリティチェックを通り抜けようとしたときに係官が「おかしいな？」と首を傾げたが、足早に外に逃げ出した。

インドの首都ニューデリーにある安宿街「パハールガンジ」で安そうな食堂を探していた。世界中からやって来た旅行者や地元の商売人たちで賑わうなか、いつものとおり重い機材を肩からぶら下げて呑気に歩いていると、若い男が突然、ぼくの前に現れて腰をかがめた。何事かと驚いた途端、勢いよく背中を押されて一瞬体が宙を浮いた。目の前には男がしゃがんでいるから足の逃げ場がない。危うく前につんのめりそうになったが、体をひねらせて足を横に運び、辛うじて体勢を整えた。うしろを振り向くと、四人の男が走り去っていった。旅行者を路上に転倒させ、バッグを奪う強盗グループだった。危機一髪！

数人のアシスタントに荷物を持たせ、ぼくは口笛吹きながら軽快に歩く。「三脚はここにセット。レンズは35ミリ」と彼らに撮影の指示を出し、シャッターボタンを押すだけ……というような威風漂わせる日は絶対に来ないであろう。豪華なソファ前のテーブルには冷えた白ワインが置かれ、バスタブにはバラの花びらが浮かぶ煌びやかな部屋に宿泊。出発時にはホテルのロータリーにランクルが横づけされ、各国の重鎮が取材に同行してくれる……そんな優雅な日も絶対に来ない。

せめて、せめて、雨漏りがなくって、ネズミが這い回らない部屋。夜中に泥棒が忍び寄ることもなく、何の懸念も抱かずにカメラ機材を預けられるホテルをベースにして取材を行いたい。今のぼくの、小さな希望である。

それにしても、多くの人々に出会い、お世話になり、助けられてきた。ぼくの取材は、現地の人々や現地で働くＮＧＯのみなさまの協力なしには決してできなかった。ただただ、感謝の気持ちでいっぱいである。本来であれば形のあるご恩返しをしなければならないのだが、未熟なぼくには物理的なお返しができるのはまだまだ先のことになりそうだ。せめて現状を伝えることができれば、と本書を執筆した。読者のみなさんが、地球上の違う世界を発見し、理不尽な痛みと闘う人々がいることを身近に感じとり、新しい未来を築く芽となってくれれば幸いと思っている。

最後になりますが、本の執筆にあたり頭を抱えながらぼくの拙文を編集してくださった株式会社新評論の武市一幸氏をはじめ、連載中、何の注文も付けずにのびのびと執筆させてくださった日守研氏、いつも真心のこもったお叱りをくださる細田雅大氏、撮影のチャンスをくださった大西清人氏、そして不甲斐ないぼくを学生時代から応援してくださる先輩の寺岡秀樹氏に心からお礼を申し上げます。本当に、ありがとうございました。

二〇一四年五月

川畑嘉文

著者紹介

川畑嘉文（かわばた・よしふみ）

1976年生まれ、千葉県出身。

アメリカペンシルバニア州立大学卒業。専攻は国際政治。ニューヨークの出版社、東京の撮影事務所勤務を経てフリーのフォトジャーナリストとなり、世界各地を訪問。雑誌などに写真と原稿を寄稿。写真展「ハイチから、明日へ。ハイチ大地震の記録」は東京、神戸、福岡、広島で展開。

2011年、「地雷原の女性たち」がJRPリアリズム写真集団主宰コンテスト「視点」に入選。

2014年、５枚組写真「シリア難民の子どもたち」でJPS日本写真家協会主宰コンテストで金賞を受賞。

フォトジャーナリストが見た世界

—地を這うのが仕事—

2014年６月30日　初版第１刷発行

著者　川畑嘉文

発行者　武市一幸

発行所　株式会社　新評論

〒169-0051
東京都新宿区西早稲田３-16-28
http://www.shinhyoron.co.jp

電話　03(3202)7391
FAX　03(3202)5832
振替・00160-1-113487

落丁・乱丁はお取り替えします。
定価はカバーに表示してあります。

印刷　フォレスト
製本　中永製本所
装丁　山田英春

Printed in Japan
ISBN978-4-7948-0976-6

好評既刊　子どもたちの未来・未来の教育

あんず幼稚園 編／宮原洋一 撮影

きのうのつづき

「環境」にかける保育の日々

環境が整えば，子どもは自ら遊び，学び，成長していく──「環境」という視点に基づき独創的な保育を行う幼稚園の実践記録。

［A5 並製　248 頁　2000 円　ISBN978-4-7948-0893-6］

宮原洋一 文・写真

カモシカ脚の子どもたち

「あおぞらえん」からのメッセージ

「街」が園舎のあおぞらえん。子どもたちは今日も元気にたくましく遊びに熱中！ 22年間の保育実践に見る「生きる力」の育み方。

［四六並製　216 頁　1800 円　ISBN978-4-7948-0810-3］

宮原洋一 写真・文

もうひとつの学校

ここに子どもの声がする

昭和 40 年代半ばの「あそび」の豊穣な世界から見えてくる，創造と学びの原点，地域社会の意味，そして大人の役割。

［A5 並製　230 頁　2000 円　ISBN4-7948-0713-9］

A.ニューマン＋B.スヴェンソン／太田美幸 訳

性的虐待を受けた少年たち

ボーイズ・クリニックの治療記録

スウェーデンの治療機関による被害経験と治療過程の詳細な記録から，適切なケアの指針と方策を学ぶ。

［四六上製　304 頁　2500 円　ISBN978-4-7948-0757-1］

神谷考柄

夢みるちから

仲間がいるからがんばれる

強豪ひしめく大阪高校ラグビー界で，家族や仲間に支えられながらラグビーを続けた弱視のラガーマン，勇気と感動の半生記。

［四六並製　236 頁　3800 円　ISBN978-4-7948-0949-0］

＊表示価格はすべて税抜本体価格です